平凡社新書
977

人間ベートーヴェン

恋愛と病にみる不屈の精神

石川栄作
ISHIKAWA EISAKU

HEIBONSHA

人間ベートーヴェン●目次

＊WoOはWerke ohne Opuszahlの略で、「作品番号なしの作品」を表す。
なお、本書で引用する歌曲のドイツ語テクストは、巻末に記載の『ベートーヴェン歌曲集』（音楽之友社）などを使用し、邦訳はすべて筆者による。

はじめに

二〇二〇年はベートーヴェン生誕二百五十年のメモリアルイヤーであった。ドイツ・グラモフォンではボン・ベートーヴェン・ハウスとの連携により「楽聖ベートーヴェン生誕二百五十周年記念」の「ベートーヴェン新大全集」（CD等一二三枚）が編集されるとともに、またナクソスでも「ベートーヴェン全集」（CD九〇枚）が編集されて、日本でも発売されているのをはじめ、そのほかの各社からも生誕二百五十周年記念の大全集や交響曲全集、ピアノ協奏曲全集などのCDもたくさん販売されて、ベートーヴェン・ファンにとってはありがたい年であった。

ところが、世界各地のコンサートホールでは年明け早々からベートーヴェンの作品が多く取り上げられていたものの、三月頃からは予期せぬ世界的出来事として新型コロナウイルス感染が拡大し、ベートーヴェン記念コンサートに関しては三月以降ほとんどが中止になった。日本でも各地でさまざまなかたちで企画されて、それらのイベントを期待していただけに、たいへん残念なことであった。秋になってNHKテレビで二百五十周年プロジェクトの番組が五十回以上も放送されたが、演奏会場での生演奏はほとんど実現しなかったか、実現されても聴衆を制限してのものであった。一日も早くウイルス感染拡大が収束して、また世界各地でベートーヴェンの名曲が生演奏で奏でられるのを心から願っている。

ベートーヴェン生誕二百五十年の記念すべき年が、このような世界的危機に見舞われたことは、まことに遺憾であったが、二〇二四年はベートーヴェンの第九交響曲が世界初演されてからちょうど二百周年にあたり、さらにまた二〇二七年はベートーヴェン没後二百年である。ベートーヴェン・ブームがまだ続くと思われるので、それらを期待することにしたい。ベートーヴェン・ファンにとってはそれらの記念すべき年の企画は、これからとても楽しみである。

ベートーヴェンの作品には、どの曲にも自分の内部から生まれてくるものすべてを表現するという気迫や、生きていることへの感謝、さらには理想的で平和な世界への祈りといったものが表れている。苦難に打ちひしがれた心の中から湧《わ》き出てきた「重苦しい旋律」も、暗いままで決して終わることはなく、最終的には希望や理想および祈りにつながっている。そこに聴衆の私たちは深い感動を覚えるのではないだろうか。

日頃の仕事やさまざまな出来事から心身ともに疲れ果てたとき、ベートーヴェンの曲を聴くと、たちまち癒《い》やされて、そこから新しい明日への希望が生まれ、行き詰まっていた「道」も新たに切り拓《ひら》かれて、また一歩前進することができたという体験をしたのは、筆者だけではないだろう。ベートーヴェンは私たちに勇気と希望を与えてくれる点でも、やはり偉大な音楽家である。

確かにその音楽も文句なしにすばらしいが、しかし、度重なる苦難にも屈することなく、その不屈の精神でもってそれらを克服していって、さまざまな名曲を作り出していった「人間ベートーヴェン」の生きざまにも、称賛すべきものがあるとは言えないだろうか。物が豊かになり、ICT（情報通信技術）の発展により便利になった現代社会に暮らす私たちは、ややもすれば易《やす》きものに飛びつくことが多くなってきたような気がする。たいへん便利な社会になったので、つい楽な道の方を選んで、楽に暮らすことばかり考えている。現代社会の中では目に見える成果ばかりを求めて、「苦労する」という基本を忘れているような気がする。ベートーヴェン生誕二百五十周年を経たこの機会にその生涯と作品を辿《たど》りながら、不屈の精神を持ち合わせた「人間ベートーヴェン」に何かを学ぶのも、現代社会の私たちにとってはとても大切なことだと思う。本書では、「人間ベートーヴェン」に焦点を合わせて、その「苦悩」と「歓喜」の生涯および作品を見つめ直すことによって、現代の私たちに失われつつある大切なものを取り戻すきっかけをつかむことにしたい。

第一章　故郷ボンでの少年時代

第一節　ライン河畔ボン

ボンの歴史

ルートヴィヒ・ヴァン・ベートーヴェン（Ludwig van Beethoven 一七七〇〜一八二七）が生まれたのは、ドイツ中部ライン河畔にあるボンの町である（図1）。そこからライン河を二十五キロほど下った所にケルンがあり、五十キロほど上った所にコブレンツがある。「よい、うまい（bon）」の意味に由来するこのボン（Bonn）の町は、もともとはケルト人の集落があり、紀元前一世紀になると、ローマ帝国の駐屯地《ちゆうとんち》となった場所である。古来、交通の要衝《ようしよう》であり、軍事上の要地となり、一世紀にはローマ人が城塞を築いた。

四世紀にはフランク人が修道院を中心に集落を形成し、その後十世紀には「ドイツ国民の神聖ローマ帝国」が成立して、ボンの町は中世都市を形成していく。

十三世紀末からはボンはケルン選帝侯兼大司教の居住地となった。「選帝侯」とはドイツ神聖ローマ帝国の皇帝を選ぶ選挙権を持つ領主のことで、十三世紀には七人の選帝侯がいた。ケルン選帝侯もそのうちの一人であり、その行政の中心地となったのがボンの町だったのである。この選帝侯の役割は、その後何度かの変遷を経て、一八〇六年のドイツ神聖ローマ帝国の終《しゆう》焉《えん》とともに終わった。ボンの町はウィーン会議（一八一四〜一五年）以後のウィーン体制の発足とともにプロイセンの支配下に置かれた。

第二次世界大戦中にはボンの町も幾度となく空襲を受けた。ドイツの首都ベルリンは、大戦後には東ドイツの中で東西に分けられ、西ベルリンが西ドイツの首都であることは不可能であった。そこで西ドイツの暫定《ざんてい》的な首都に選ばれたのがボンの町である。それには西ドイツの初代連邦首相となったコンラート・アデナウアー（一八七六〜一九六七）の意向が大きな影響を与えたと言われている。彼は、将来東西ドイツが再統一されるときには、ベルリンが再び首都になるべきだと考え、フランクフルトやハンブルクなどの大都市では遷都が困難になる恐れがあるということで、小規模な古くからの文教都市で、なおかつ西ドイツの中央部に位置するボンを首都とすることに決定したのである。その期待どおり、一九八九年にベルリンの壁が崩壊し、翌年ドイツ再統一が実現したとき、ベルリンがまたドイツの首都となって、現在に至っているのである。

図1　現在のボンの街（著者撮影）

ベートーヴェン音楽祭と記念物

ボンは古くから文教都市であったと先に述べたが、それも代々の選帝侯の文教政策によるところが大きかった。ボンにはケルンの大司教で選帝侯の資格を持つ貴族が、中世以来、領主として代々宮廷を構えていたのであり、高い教養を身につけた代々の大司教は、学芸の振興や町の整備にも力を注いだため、ボンは小さな町ながら音楽や演劇をはじめとした文化面もたいへん盛んで、町並みなども整備された美しい都でもあったのである。

ベートーヴェンの天才的才能もこのボンの町の文化的風土の中で育まれたと言ってもよいであろう。ベートーヴェンが生まれた十八世紀後半の当時のボンは、人口は約一万人ほどの小さな町であったが、あとで述べていくように、文化的にはかなり恵まれた環境だったのであり、そのような環境の中でベートーヴェンはめきめきと力をつけていくのである。

一七九二年にウィーンへ研修旅行に出かけて以来、ベートーヴェンは故郷ボンに戻ってくることはなかった。一七九四年にはボンの町はフランス軍に占領されてしまい、ベートーヴェンは故郷を失ってしまったかたちとなった。結局のところ、ベートーヴェンがボンで過ごしたのは、二十二歳のときまでであったが、しかし、現在、ボンはとりわけベートーヴェンの生誕の地ということで世界でも有名である。

ベートーヴェン生誕七十五年にあたる一八四五年には、ボンの中心地のミュンスター広場にベートーヴェン像が建てられて、その除幕式がプロイセン国王ヴィルヘルム四世やイギリスのヴィクトリア女王と夫君アルバート公らの列席のもとで盛大に行われた（図2）。

またその年には同時にベートーヴェン音楽祭も開催された。フランツ・リスト（一八一一〜八六）の指揮で三日間ベートーヴェンの作品が演奏されたのが、「ベートーヴェン音楽祭」の始まりと言われている。その後も音楽祭は不定期に行われ、第二次世界大戦中は中断されたり、また戦後は隔年や三年に一度の開催であったりしたが、一九九九年からは毎年の開催となって現在に至っている。主会場は一九五九年に完成し、九六年に大々的に改築されたベートーヴェン・ホールであり、そのほか二十ヵ所の会場でオーケストラ、アンサンブル、独奏のコンサートがたくさん行われている。

図2　ミュンスター広場のベートーヴェン像（著者撮影）

　その音楽祭の主会場となっているベートーヴェン・ホール前の広場には、彫刻家カンマーリヒスが一九八六年に製作した彫刻「ベートーン」

図3　彫刻ベートン（ボン、ベートーヴェン・ホール前。著者撮影）

図4　ベートーヴェンの生家（ボンガッセ通り。著者撮影）

がある（図3）。これはバイエルン宮廷画家シュティーラーの描いた肖像画を元にして製作したものである。見る角度によってベートーヴェンがさまざまな顔を見せてくれるので、興味深い記念碑である。

しかし、ボンで最大の見どころは、ベートーヴェンの生家であり、その生家は一八九三年からは博物館として保存され、修繕を繰り返しながら元の姿を維持している（図4）。その「ベートーヴェン・ハウス」博物館にはベートーヴェンのさまざまな貴重な資料が展示、保管されていて、世界各地から研究者はもとより、観光客の訪問も多い。

このように現在のボンは旧西ドイツの首都としてだけではなく、ベートーヴェンの誕生の町としても有名であるが、しかし、ベートーヴェン一家がボンに住み始めたのは、ベートーヴェンの祖父の時代からである。そこで以下では、ベートーヴェンの家族の中でも祖父の話から始めることにしよう。

第二節　ベートーヴェンの家族

祖父ルートヴィヒ

ベートーヴェンと同じ名前の祖父ルートヴィヒ・ヴァン・ベートーヴェン（一七一二～七三、図5）は、現在はベルギー領となっているフランドル地方のメヘレン出身で、実家は商家だった。幼い頃から美声に恵まれて、五歳で地元教会の少年聖歌隊員となったのがきっかけで、音楽の道に進むことになり、その後、近隣の諸都市で教会付オルガン奏者やカペルマイスター（宮廷楽長）の代役を務め、一七三三年にある教会でバス歌手として歌っていたところを、当時のケルン選帝侯クレメンス・アウグスト（在位一七二五～六一）に見出されて、ボンの宮廷に迎えられたのである。すでに述べたように、当時の選帝侯は、優れた芸術家を優遇したので、近隣の諸都市から技量のある音楽家がこの町に集まるようになった。祖父もそのような音楽家の一人だった

図5　祖父ルートヴィヒ

のである。やがてその地のマリア＝ヨーゼファ・ポル（一七一四〜七五）と結婚したことで、ボンがベートーヴェン一家の定住地となったのである。

その後、一七六一年に選帝侯がマクシミリアン・フリードリヒ（在位一七六一〜八四）に代わったとき、祖父は宮廷楽長に抜擢《ばってき》された。祖父は広い見識と人望をそなえた優れた音楽家だったのである。社会的には成功した祖父であったが、しかし、その家庭生活は幸せであるとは言えなかった。妻との間に次々に生まれた子どもは、早逝してしまい、成人したのは、一七四〇年に生まれた男児ヨハン（一七四〇〜九二）だけだった。そのようなことが重なって、妻はアルコール依存症となって、修道院の施設に収容され、一七七五年そこで亡くなってしまうのである。

父ヨハンと母マリア・マクダレーナ

祖父はこうして事実上やもめ暮らしとなったが、その住居はいつも整頓が行き届いていて、見事な家具や調度もきちんと調えられていたという。彼は一人息子ヨハンに早くから音楽教育を施して、十歳になると、礼拝堂のボーイ・ソプラノとして出仕させた。息子は声楽だけではなく、ピアノやヴァイオリンも学び、十六歳で宮廷音楽家の資格も取得した。テノール歌手として宮廷の務めを果たしながら、上流家庭の子どもたちに声楽や器楽を教え、宮廷音楽家をめざす若者たちの個人指導も行ったという。そこには多少なりとも「父親の七光《ななひかり》」という面もあったであろうが、息子ヨハンはきちんと自分の役目を果たすまじめな音楽家であった。彼は二十七歳のときまで父のもとで暮らしていたのである。

ところが、その息子が一七六七年に結婚した相手は、意外にもライン河をはるかに遡《さかのぼ》ったエーレンブライトシュタインに住むケーヴェリヒ家のマリア・マクダレーナ（一七四六〜八七）という女性で、二十一歳にして未亡人の身であった。父ルートヴィヒは結婚に際してもちろん猛反対した。その理由は相手の家柄が悪いとか多くの伝記に書かれてきたが、のちにはそれが否定されて決して低い身分ではなかったということが証明されているので、父親の反対の理由はほかにあったとも思われる。もしかして相手が未亡人だったからなのか。そのあたりの詳細は分からないが、いずれにしても息子ヨハンはその結婚を父親に反対されたので、一七六七年に父親の家を出て、妻と一緒にボンガッセ通りの家に移り住んだのであった。*1

そのボンガッセ通りにある家こそ、現在ベートーヴェン・ハウス博物館となっているベートーヴェンの生家である。ルートヴィヒ・ヴァン・ベートーヴェンは一七七〇年十二月に生まれた。狭い屋根裏部屋で産声《うぶごえ》を上げたと言われている。ボンの聖レミギウス教会で十七日に洗礼を受けたことが、そこの洗礼名簿に記載されているが、誕生は前日の十六日なのか十七日なのかは確認できない。両親の間には七人の子どもが生まれたが、成人したのは、第二子のルートヴィヒと二人の弟カスパール・カールとニコラウス・ヨハンだけであった。母マリア・マクダレーナはそのような不運にも屈せずに、気まぐれで酒癖のひどい夫ヨハンを抱えながらも、必死で一家を支えていた。

結婚に反対した父ルートヴィヒも、そのような嫁の気立てのよさを知って、次第に打ち解けていったと思われる。幼い孫ルートヴィヒの手を引いて、ボンの街を歩いている宮廷楽長の姿がたびたび見かけられたとも言われている。しかし、その祖父は孫が三歳になって一週間後の一七七三年十二月二十四日に突然脳卒中で亡くなった。孫ルートヴィヒは結局のところ祖父から音楽の指導を受けることはなかったが、のちに偉大な祖父の功績などを聞き知って、尊敬するようになったのであろう。ベートーヴェンがウィーンに住むようになってから、その肖像画を自分のもとに取り寄せている。めざすは祖父のような豊かな教養をそなえ、人望のある音楽家である。ウィーンでその後思わぬ苦難に見舞われたときにも、その祖父の肖像画を心の支えとして音楽に専念したに違いない。高い志を持った人には、自分が目標とする模範となる人物がいることが大切なのである。

このような立派な祖父だっただけに、その突然の死は、ベートーヴェン一家にとって大きな打撃であった。社会的にも経済的にも陰で支えてくれた支柱を失ったからである。とりわけベートーヴェンの父ヨハンにとっては挫折《ざせつ》の始まりをも意味するものであった。空席となった宮廷楽長の地位は、当然のことながら自分に回ってくるものと思っていた。しかし、その地位には作曲家として業績のあるアンドレアス・ルッケーシが任命されたのである。宮廷楽長の一人息子ということで、ヨハンは宮廷音楽家として実質以上に人から高く評価されていたが、父亡きあとは厳しい現実を見せつけられた上に、自分の妻子に加えて、以前から施設に入っている母親の面倒をも見なければならなくなった。しかし、その家長としての厳しい責任に耐え切れなくなったのだろうか、酒癖のあったヨハンはその頃から特にひどく酒に溺《おぼ》れ、一家の大黒柱の役割は完全に妻マリア・マクダレーナに任されるありさまであった。

父ヨハンによるレッスン

酒に溺れ始めた父ヨハンは、幼い息子ルートヴィヒに天賦《てんぷ》の音楽的才能があることに気がつくと、モーツァルトのように神童としてもてはやされることを夢見て、自分で息子にピアノとヴァイオリンを教え始めた。その教え方はもちろんいいかげんなものであった。レッスンを嫌がって泣く幼い息子を無理やりピアノの前にすわらせたり、友人とともに酔っ払って夜中に帰宅したときには、寝ている息子を叩き起こして朝までレッスンを強要することもあったという。一七七八年三月には、息子は七歳と三ヵ月のはずだが、六歳だと息子の年齢を偽るなどの小細工をしてまでも、演奏会を開いて、息子の神童ぶりをアピールしようとした。しかし、それは失敗に終わったので、それ以降、父ヨハンは自分で教えるのをあきらめて、宮廷の同僚や近隣の知人たちに練習を委ねることにした。こうして息子にいろいろな教師をつけてピアノやヴァイオリンのほかに、ヴィオラやオルガンも習わせたが、しかし、いずれも満足のいくきちんとしたものではなかった。

第三節　本格的な音楽教育

宮廷オルガニストのネーフェに師事

ベートーヴェンの真の意味での音楽教育は、クリスチャン・ゴットロープ・ネーフェ（一七四八〜九八）に師事したときに始まる（図6）。ネーフェは一七七九年十月からグロースマン劇団の楽長としてボンに来ていたのである。彼は正しい音楽教育を受けた音楽家であり、高い教養も身につけており、八一年二月には宮廷オルガニストにも就任したことから、多くの芸術家や文人たちとの交流の機会にも恵まれることになり、当時十一歳で成長盛りのベートーヴェンにとっては師としてまことにふさわしい人物であった。そのような社会的側面から多大な恩恵を受けただけではなく、それよりもまずはその指導方法から学ぶことが多かった。ネーフェは大バッハとその息子の音楽に傾倒していたが、そのような音楽的伝統を尊重しながらも、従来の伝統的形式の枠を乗り越えて、人間精神に深く根ざした思想や哲学を斬新な感情表現によって音楽化しようとした作曲家でもあったのである。このネーフェに師事したことで、ベートーヴェンは自らの希望である作曲家としての道を歩み始めたのであり、のちにウィーンに出て生み出される数々の名曲は、ネーフェの指導あってこそのものである。

こうしてネーフェに師事したベートーヴェンは、めきめきと天分の才能を現し始めて、やがてネーフェの代役を務め、次第にその腕前は師を凌《しの》ぐものとなっていった。十三歳になると、ベートーヴェンは本格的な作曲活動を始め、一七八三年に最初のピアノ・ソナタ三曲「選帝侯ソナタ」WoO 47を書き、選帝侯マクシミリアン・フリードリヒに献呈した。のちの天才ぶりを予感させるような、若々しくてすばらしい作品である。翌八四年二月、十四歳のときには無給ながら宮廷オルガン奏者助手の地位が認められ、四ヵ月後の六月二十七日には俸給のある正式な宮廷第二オルガニストに就任するのである。

図6　ネーフェ

新選帝侯の施策

また当時のボンを治めた代々の選帝侯が文化振興に力を注いだことも、ベートーヴェンには大いに幸いした。一七八四年四月には選帝侯マクシミリアン・フリードリヒが死去して、それに代わってボンの選帝侯に着任したのは、二十八歳のマクシミリアン・フランツ（在位一七八四～九四）であった。この新しい若き選帝侯はマリア・テレージアの末っ子であり、オーストリア皇帝ヨーゼフ二世の弟であった。新選帝侯は自身でも楽器をたしなみ、音楽に強い関心を持ち、学問や教育の振興にもさらにいっそう積極的に力を注いだ。こうした新しい風の中でベートーヴェンはネーフェのもとでめきめきと力をつけていき、先に述べたように、その年の六月には宮廷第二オルガニストに抜擢されたのである。

またこの新選帝侯によって、これまでの身分制度の枠を超えた知的活動の自由が推進されたので、当時のボンの町は若者たちにとって好ましいものとなった。一七八六年にはそれまでのアカデミーに代わってボン大学も創立された。一つの町が生き生きと活性化されるには、そこを治めるトップの人の役割が非常に重要であることを新たに認識させられる。政治面・経済面だけではなく、とりわけ文化面での施策がその町を活気づけるものではないだろうか。ボンは当時人口一万人ほどの小さな町でありながらも、文化的には大いに発展した町であったと言ってもよいであろう。

初めてのウィーン研修旅行

この新選帝侯のもとでベートーヴェンは、一七八七年三月にはウィーンへ初めての研修旅行に出かけている。当時のウィーンではモーツァルトがその名を馳《は》せていたし、またベートーヴェン自身もモーツァルトは幼い頃からあこがれの対象であったのに加えて、新選帝侯もモーツアルトの心酔者だったので、モーツァルトに面会して教えを乞うことが、ベートーヴェンの最大の目的であったと思われる。

ベートーヴェンは一七八七年三月二十五日頃にボンを出発して、ウィーンに四月七日に到着しているが、その後ウィーン滞在中にモーツァルトの自宅を訪問したことは確かである。しかし、その詳細についてはベートーヴェン自身による記録もないことから不明である。ただ音楽学者でモーツァルト研究者として名高いオットー・ヤーンは、モーツァルト生誕百周年にあたる一八五六年に出版した著書『モーツァルト』の中で、モーツァルトとベートーヴェンの対面について貴重なエピソード[*2]を残している。

それによると、ベートーヴェンはモーツァルトからの要求に応じて何曲か弾いた。しかし、モーツァルトはそれを今回の訪問のためにあらかじめ用意していた模範作品だろうとみなして、幾分か冷たい口調でほめた。そこでベートーヴェンはモーツァルトに即興演奏のテーマを与えてくれるように頼んで、熱を込めて演奏した。モーツァルトの注目と関心は次第に高まっていき、ついには隣室にいた友人たちのところへ行って、「彼に注目し給え。いつの日か彼は、語るに足るものを世界に与えるだろう」と彼らに語ったという。モーツァルトにとってベートーヴェンの音楽は自分とはまったく異質のものであったが、そこに何かこれからの音楽への新しい可能性のようなものを感じ取ったに違いない。しかし、隣室でのことであったので、このモーツァルトのほめ言葉をベートーヴェンは聞いていない。モーツァルトを尊敬していただけに、それを聞いていればベートーヴェンは大いに喜んだことであろう。ベートーヴェンにとってはモーツァルトに面会しただけで、何かを学び取ったに違いない。崇拝する人には面会し、話しかけられただけでも、大いに感動し、大きな刺激を受けたりするものである。

次回の面会が期待されたが、ベートーヴェンは母マリア・マクダレーナの重態の知らせを受けて、ボンへ帰ることになり、今回のウィーン滞在は二週間という短期間に終わってしまった。

第四節　母の死とボンでの交友

母の死

母マリア・マクダレーナ重態の知らせを受けたベートーヴェンは、一七八七年五月にボンに戻ってくる。その母はそれから二ヵ月後の七月十七日に四十歳で亡くなった。肺結核であった。夫ヨハンは宮廷音楽家としての給料をもらっても、それがなくなるまで飲み歩く酔っ払いであり、そのために貧困の生活を余儀なくされても、彼女は必死になって育ち盛りの子どもたちを養ってきた。ベートーヴェンにとってはとてもやさしい母であった。アウクスブルクの弁護士ヨーゼフ・ヴィルヘルム・シャーデンにあてた一七八七年九月十五日付の手紙の中で、ベートーヴェンは「彼女（母）は私にとって実によい愛すべき母であり、最良の友達でした」[*3]と書いている。このベートーヴェン家を支えてきた大黒柱とも言うべき母を失って、それまで母と二人で担ってきた責任が、今や十六歳半のベートーヴェンの肩にのしかかってきたのである。ベートーヴェンは宮廷第二オルガニストの役目を務めるかたわら、副収入を得るために貴族の子弟たちへのレッスンに励んだ。父の酒癖のために貧困に苦しむ毎日であったが、しかし、ベートーヴェンはこのボンでは必死に母の代役を務める健気《けなげ》な少年だったのである。私たちはこの少年ベートーヴェンの健気さを見落としてはならない。健気に努力している者には、必ずや救いの手が差し伸べられるものである。宮廷楽団のヴァイオリン奏者で、ベートーヴェンのヴァイオリンの教師であったフランツ・リース（一七五五〜一八四六）は、このベートーヴェン家の窮状を目にして、さらに少年ベートーヴェンの健気な姿に心打たれたに違いない。フランツ・リースが救いの手を差し伸べてくれたので、少年ベートーヴェンはなんとか一家を支えることができたのである。

ブロイニング邸での交友

このように少年ベートーヴェンはボンでネーフェというよき師に恵まれたのであるが、そのほかにも生涯の友となるフランツ・ゲルハルト・ヴェーゲラー（一七六五〜一八四八）に出会っていることも、ベートーヴェンの成長に大きな影響を与えた。ベートーヴェン十二歳の一七八二年頃のことで、ヴェーゲラーは当時はまだ十七歳か十八歳の医学部の学生であり、五歳年少のベートーヴェンにとっては尊敬すべき先輩であった。ヴェーゲラーは自分が出入りしていたブロイニング邸にベートーヴェンを若き音楽家として紹介したのである。

ブロイニング邸の主人は選帝侯邸参事官であったが、一七七七年の侯邸火災で死去してしまい、二十八歳の未亡人ヘレーネ・フォン・ブロイニング夫人が長女エレオノーレ（一七七一〜一八四二）と三人の男の子たちとともに暮らしていた。その家には子どもたちの友人が大勢集まり、若者たちのいい意味での「溜《た》まり場」となっていた。ブロイニング夫人は少年ベートーヴェンを息子のように歓迎してくれたので、彼にとってその邸宅は最も居心地のよい場所となった。自宅では父ヨハンが酒に溺れているばかりであったので、それだけにいっそうこの邸宅はベートーヴェンには憩いをもたらしてくれる恰好《かっこう》の場であったに違いない。

この邸宅ではベートーヴェンは長女のエレオノーレと三男のローレンツにピアノを教え、次男のシュテファンとは一緒に宮廷楽団のヴァイオリン奏者フランツ・リースにヴァイオリンを習うという親しい間柄となった。少年ベートーヴェンはブロイニング夫人からいろいろな躾《しつけ》や作法を教えられるだけではなく、邸宅内の図書室でヘルダーやクロップシュトック、それにゲーテやシラーの本を読みながら、読書の楽しみを知るとともに、さまざまな教養を身につけていくのである。また邸宅には子どもたちの友人ばかりではなく、豊かな教養を身につけた貴族たちの出入りも多かったので、ベートーヴェンはそれらの人たちと知り合いになる機会にも恵まれた。とりわけ、当時ケルン選帝侯が団長を務めるドイツ騎士団に入団するために一七八八年にボンにやってきた、ウィーンの名門ワルトシュタイン伯爵（一七六二〜一八二三）と知り合ったのも、このブロイニング邸においてであった。伯爵はモーツァルトのファンであり、自分でも作曲をするほどの音楽通であった。彼はたちまちベートーヴェンの才能を見抜いて、ベートーヴェンの最初のパトロンとなった人であり、当時ボンには数台しかなかったJ・A・シュタイン製のピアノを彼に贈った。ボン時代の作品はこのピアノから生まれるのである。ベートーヴェンは後年（一八〇五年）、伯爵に『ピアノ・ソナタ第二十一番ハ長調』作品53を献呈しており、これはその献辞から「ワルトシュタイン」の愛称を持っている。[*4]

人間は人との触れ合いから成長していくものである。ベートーヴェンはネーフェによる音楽のレッスンだけではなく、こうしてブロイニング邸での人々との触れ合いから内面的に成長し、その人との触れ合いや邸宅内の図書室での読書等を通じて得た教養が、のちの名曲の基礎となるのである。交友や読書等を通じて「常に新しいものを求める」ボンでの少年時代があってこそ、のちに音楽で大成するベートーヴェンがあることを忘れてはならない。

ボン大学での聴講生

一七八四年に即位した新選帝侯マクシミリアン・フランツは、革命的な啓蒙君主として知られる兄のオーストリア皇帝ヨーゼフ二世の思想をこの地にも根づかせようと努めて、まずは二年後の一七八六年にボン大学を創設して、広い見識や新しい思想を持つ学者たちを招聘《しょうへい》した。その中でもとりわけ、八九年に新選帝侯より招聘されてボン大学の教授に就任したオイロギウス・シュナイダー（一七五六～九四）は、若い学生から熱烈に支持された。ベートーヴェンも親友となったプラハ生まれのアントン・ライヒャ（一七七〇～一八三六）と一緒にボン大学の聴講生となって、哲学や文学そして芸術史を学んだが、特にシュナイダー教授のギリシア文学の講義には大きな関心を寄せたようである。熱狂的な啓蒙主義の推進者であるシュナイダー教授の「人間の真の価値は、生まれのよさ以上のものである。真の高貴性は、精神の偉大さと心の善良さによってのみ達成される」[*5]という言葉が、ベートーヴェンの生涯にわたるモットーとなったことは明らかである。

そのほか、当時の現代哲学とも言えるカント哲学についての講義をしたファン・デァ・シューレン教授とヨハネス・ネーブ教授からもベートーヴェンは大きな影響を受けた。

ボン読書協会での交流

ボン大学での講義とは別にベートーヴェンにとってさらに有益であったのは、フリーメーソン系の知識人によって一七八七年に設立されたボン読書協会での交流である。この協会は読書と討論によって会員の知的交流を図りながら、啓蒙思想を広めようとするもので、市民も貴族も平等な立場で運営していくものであった。ボン大学近くにあるレストラン兼書店「ツェーアガルテン」にはこの読書協会のメンバーをはじめ、ボン大学の教授や多くの学生たちも集まって、カントの哲学書や若い詩人のゲーテやシラーなどの作品について語り合うことが日常の風景となっていた。

さらにこの読書協会で知り合った重要なボン大学教授にバルトロメウス・ルートヴィヒ・フィシェニヒ（一七六八〜一八三一）がいる。彼は一七九一年から翌年にかけてイェナ大学で国際法と自然法の研究を深めている頃、シラーとその夫人シャルロッテと親交を結んでいたようで、九二年の夏に自然法の教授としてボン大学に着任した。ベートーヴェンはこのフィシェニヒと知り合いになって、彼にシラーの詩『歓喜に寄せて』全体に曲をつけたいと話した。フィシェニヒはシラー夫人にあてた手紙の中でそのことを伝えている。[*6] ベートーヴェンはその年の秋にウィーンに向けて出発することになっており、フィシェニヒとの付き合いはほんの数ヵ月に過ぎなかったが、その交流から得たものが多かったことは確かである。

このようにベートーヴェンは人々との触れ合いの中から豊かな教養を身につけるとともに、これからの音楽家としての才能を伸ばすための基盤も構築することができたのである。ボン時代はベートーヴェンにとってはなくてはならない重要な時期だったのである。

第五節　ベートーヴェンの初恋

ブロイニング家の長女エレオノーレ

読書や人との対話から教養を高めることも大切であるが、同時に美しい女性に恋することもベートーヴェンにとってはなくてはならないものだったのではないか。

人には「恋」がつきものである。とりわけのちに偉大な芸術家として大成する人には、「恋」はなくてはならないものであるとも言える。ベートーヴェンもボンで「初恋」を体験したに違いない。

ベートーヴェンの「初恋」の相手については、彼が出入りしていたブロイニング家の長女エレオノーレだったという説もあるが、当時は二人はともに十一、二歳であり、ベートーヴェンが彼女に対して好意を抱いていたことは確かだとしても、それが「恋」だったのかどうかは分からない。

ウィーンへ出て一年後にも、ベートーヴェンはエレオノーレにモーツァルトの歌劇『フィガロの結婚』第一幕第二場の第三曲カヴァティーナ「もし踊られたくば」を主題とする『ピアノとヴァイオリンの十二変奏曲ヘ長調』WoO 40を献呈しており、そのときの一七九三年十一月二日付の手紙が残されている。

この小品は当地で出版するのに苦心しました。そこでこれを機会に、私の尊敬するエレオノーレよ、あなたに対する私の尊敬と友情、ならびにあなたのご一家の方々に対する変わることなき思い出のしるしといたします。このささやかなものをお受けください。またこれがあなたに多大な尊敬を寄せている一友人の贈り物であることをご記憶ください。おお、これが少しでもあなたのお楽しみになれば、それ以上私の満足はありません。あなたのお宅でいろいろと楽しい時を過ごしたあの頃のいくらかの思い出ともしてください。

また一七九四年六月初め頃には、エレオノーレは自らネクタイを作ってベートーヴェンに贈っており、それを受け取った翌日にベートーヴェンは、その思いもかけぬ贈り物にたいへん感激してエレオノーレにあてて手紙を書いている。それによると、ベートーヴェンはあるときにはちょっとしたいさかいがあってエレオノーレとの「友情」を失っていたこともあったようで、それだけに今回の彼女の贈り物はとてもうれしく思ったと同時に、彼女の「寛大な振る舞い」にこれまでの自分が「恥ずかしく思えて」ならなかったほどであった。その手紙の中で続けてこう書いている。

あなたから見れば私がどんなに信ぜられぬものに見えても、わが友よ――あなたを今も変わらずこう呼ばしてください――私はあなたの友情を失って非常に悩んできましたし、今もなお苦しんでいることを信じてください。あなたと、大切な母君のことは決して忘れません。あなたは私にとても親切にしてくださいました。

このような文面からベートーヴェンがブロイニング邸でどれほどお世話になり、感謝していたかがよく分かる。このときの「親切な贈り物」のささやかなお礼としてベートーヴェンはディッテルスドルフの歌劇『赤ずきんちゃん』からのアリア「昔、一人の年寄りがいた」による『ピアノ十三変奏曲イ長調』WoO66と『ピアノとヴァイオリンのためのロンドト長調』WoO41を贈呈しており、そのことをその手紙であとに続けて書いている。

以上のような二通の手紙の内容から察するに、ベートーヴェンはブロイニング家の長女エレオノーレを「尊敬する友人」と考えていたようで、好意を抱いていたにしても、身を焼き焦がすような「激しい恋心」を抱いていたとは思われない。「恋」は喜びと同時に身を焼き焦がすような「苦しみ」をも与えるものであると考えるならば、ベートーヴェンのエレオノーレへの好意は「恋」だったと言わない方がよいであろう。

エレオノーレはのち（一八〇二年）にベートーヴェンの親友ヴェーゲラーと結婚することになる女性であり、しかもこのヴェーゲラー夫婦とは晩年まで付き合いの続く間柄である。ベートーヴェンのヴェーゲラー夫妻にあてて書いたずっとのちの手紙も残されており、この二人とのその後の付き合いについては、第六章で詳しく述べる。

男爵令嬢ヴィルヘルミーネ

ベートーヴェンの身を焼き焦がすような激しい「初恋」は、いつだったのか。ボンで一家を支えるために若いながらも健気に働いていたベートーヴェンは、その当時、美しい女性に次から次へと心惹《ひ》かれていったことは、確かのようである。その中にはレストラン兼書店「ツェーアガルテン」の女主人の娘バベッテ・コッホと金髪美人のジャネット・ドンラート（二人はエレオノーレの親友）、ヴェスターホルト男爵の令嬢ヴィルヘルミーネの名前などが挙げられる。とりわけ最後のヴィルヘルミーネにはベートーヴェンが彼女にあてた興味深い手紙が残っている。誰かのフランス語の詩をそのまま書いただけの手紙である。

人生には決して変わらぬものなどありえない。すべては時とともにほろびゆき、変わることなき友もまた稀だ。だが最愛の友よ！　あなたのためにわが心は決して変わることなく、常にあなたを愛し続けるだろう。[*7]

ベートーヴェン自身の詩ではないが、当時の彼の気持ちをそのまま表したものだったのであろう。このような手紙を美しい女性に書いたということだけでも、ベートーヴェンはありふれた普通の若者ではないことが見て取れる。「世はすべて時とともに移り変わっていくが、あなたへのわが心は決して変わることなく、永遠にあなたを愛し続けるだろう」などとは、普通の若者の口から出てくる言葉であろうか。「恋」をして、「失恋」したのちに、その相手に対する気持ちが変わるなら、それはベートーヴェン流に言えば、「本物の恋」「真剣な恋」とは言えない。相手が自分のことをどのように思おうとも、その人にひたすら「慕う心」を捧げるのが「恋」というものである。世の中がどのように変わろうともその人への「恋心」は変わらない。変わっては、「本物の恋」とは言えない。かりそめのうわべだけのものにすぎない。「恋」は「不滅」である。のちの人間ベートーヴェンの「恋」の特徴とも言えるこの「不滅性」は、この時期の「初恋」からすでにその芽を出しているのではあるまいか。ベートーヴェンの「初恋」から私たちは大切なことを教えられるような気がする。

ベートーヴェンはヴェスターホルト男爵の令嬢ヴィルヘルミーネにピアノを教え、その音楽一家の男爵家では好意的に歓迎されたが、しかし、ベートーヴェンは彼女と自分の間にある身分の違いという厚い壁を感じていたに違いない。この「身分違い」という厚い壁ものちのベートーヴェンの音楽に強い影響を与えていると考えられる。

ヴィルヘルミーネはのちに十八歳でフォン・エルファーフェルト男爵家に嫁いでいき、その後も優れたピアノ演奏家として知られ、一八五二年に亡くなったが、彼女は上記のベートーヴェンの手紙を生涯秘蔵していたという。このヴィルヘルミーネこそベートーヴェンの初恋の人であったというのが今日の通説である。ちょうどその頃（一七九〇年頃）作曲されたのが、歌曲『嘆き』WoO 113である。詩はルートヴィヒ・クリストフ・ハインリヒ・ヘルティ（一七四八～七六）によるものであり、その邦訳は次のとおりである。

かつて君の白銀《しろがね》の光は　涼しい木陰を作ってくれる
緑色のオークの間を通して　僕の上を照らし
ああ、月よ、陽気な少年の　僕に微笑《ほほえ》んだ

だが今の君の光は　窓から射しても
青年の僕には　なんの安らぎも与えず
僕の蒼ざめた頬を眺め　涙に濡れた僕の眼を見ている

まもなく、やさしい友よ　ああ、まもなく
君の白銀の光は　僕の灰を
この若者の灰を覆う　墓石を照らすだろう

図7　ベートーヴェンと芸術の女神ミューズ（ボン、ベートーヴェン・ハウス所蔵）

「人生の儚《はかな》さ」を「嘆き」ながら詩にして歌い上げた内容であるが、ベートーヴェンはその「人生の儚さ」を音楽化することによって「永遠化」しているとも言えるであろう。ベートーヴェンはあるいはこの「嘆き」の詩に男爵令嬢ヴィルヘルミーネへの自らの「儚い恋心」を込めて歌曲化し、「永遠の恋」へと昇華させたのであろうか。ヴィルヘルミーネとこの歌曲『嘆き』との関係は、残念ながら不明である。

いずれにしても人に恋するということは、尊いことである。恋はこころざしある人間を偉大にする。美しい女性へのあこがれは、特に芸術家にとっては創作への刺激を与えてくれる。まさに芸術の女神ミューズである（図7）。ベートーヴェンの場合は身分違いからその恋は実らない運命にあるが、美しい女性への恋はウィーン時代にもなお続いていくのである。

第六節　シラーの詩『歓喜に寄せて』との出会い

シラーとケルナーの出会い

ボン時代のベートーヴェンにとって、これまで述べてきたような「恩師との出会い」「人との触れ合い」「初恋」も大切なものであったが、それとともに同じように重要なことは、シラーの詩『歓喜に寄せて』に出会ったことである。

図8　シラー

フリードリヒ・フォン・シラー（Friedrich von Schiller　一七五九〜一八〇五、図8）はヴュルテンベルク公国の専制君主カール・オイゲン公の命令で軍医になるものの、文学への思いを捨て切れずに、オイゲン公の命令に背いて、自らの戯曲の上演を無断でマンハイムへ観に出かけたことから追放の身となって、放浪の生活を余儀なくされる。そのような折に手を差し伸べてくれたのが、ザクセン選帝侯国の高級官吏クリスティアン・ゴットフリート・ケルナー（一七五六〜一八三一）である。ケルナーは文学のみならず、音楽などの芸術に深い関心を抱く教養人でもあり、経済的援助を施してくれるだけではなく、手紙などを通じて芸術について気兼ねなく語り合える真の意味での「生涯の友」となる人である。「友情は喜びを二倍にし、悲しみを半分にする」というシラーの名言は、ケルナーのような友人との友情のことを言うのではあるまいか。このケルナーの好意によってドレスデンの彼の家にしばらく滞在しているとき、ケルナーの多くの友人がその家に集まって、彼らに励まされて、シラーは生きる元気を取り戻した。そのときの喜びから生まれたのが、一七八五年の『歓喜に寄せて』（An die Freude）の詩である。この詩は翌八六年発行の雑誌『タリーア』に掲載された。一節十二行で、九節から成る比較的長い詩であったが、一八〇三年にシラー自選詩集第二部出版の際には第九節が削除されたほか、そのほかの節でも一部修正が加えられた。以下にその修正版の詩の邦訳を掲載することにしよう。[*8] なお、丸数字は第六章で述べる『第九』の「歓喜の歌」につけている番号である。

第一節

②歓喜よ、美しき神々の火花よ　　楽園の乙女よ
　我々は火に酔いしれて　　神々しき者よ、汝の神殿に入る！
③時流が厳しく引き裂いたものを　　汝の魔力は再び結びつけてくれる

汝のやさしい翼が広がるところでは　すべての人間が兄弟となるのだ

（合唱）

⑨抱き合いなさい、数百万の人々よ！　この口づけを全世界に！

兄弟たちよ――星空の上には　一人のやさしい父が住み給うに違いない

第二節

④一人の友の友になるという　大いなる企図が成就した者

一人のやさしい女性をかち得た者は　喜びの声に唱和しなさい！

⑤そうだ、ただ一人でもいいから　この地上で自分のものだと言える人は！

そしてそれができなかった者は　泣きながらこの同盟から立ち去るがよい

（合唱）

この大きな環《わ》の中に住んでいるものは　共感を誓いなさい！

共感は、未知の人（神）の支配している　星へと導いてくれるのだ

第三節

⑥すべての生き物は喜びを　自然の乳房にふれて飲む

善き人もすべて、悪しき人もすべて　そのバラのような道を辿るのだ

⑦自然は我々に口づけとぶどうと　死の試練を経た一人の友を与えてくれた
快楽はウジ虫に与えられた　そしてケルビムが神の前に立つのだ！
（合唱）
⑩汝らはひれ伏すのか、数百万の人々よ？　世界よ、汝は創造者を予感するか？
星空の上に彼を探しなさい！　星の彼方には彼が住み給うに違いないのだ

第四節
歓喜は永遠の自然における　強いゼンマイである
歓喜、歓喜は大きな世界の時計の中で　歯車を動かすのだ
歓喜はその芽から花を誘い出し　天空から諸々《もろもろ》の太陽を誘い出す
歓喜は天文学者の望遠鏡も知らない　空間で天体を回転させるのだ
（合唱）
⑧諸々の太陽が天体の壮麗な広野を通って　飛行するように、喜ばしげに
兄弟たちよ、汝らの道を進みなさい　英雄が勝利に向かうように、喜ばしげに！

第五節
真理の燃える鏡から　歓喜は探求者に微笑みかける

美徳の険しい丘へ　　歓喜は忍耐者の道を導いている
信仰の太陽の山の上には　　歓喜の旗がひるがえり
壊された柩の裂け目からは歓喜が　　天使の合唱の中に立っているのが見える
（合唱）
勇気を出して耐え忍べ数百万の人々よ！　よりよい世界のために耐え忍ぶのだ！
あそこの星空の上で　　偉大な神が報いてくださることだろう

第六節
人は神々に報いることはできないが　　神々と同じになることは、すばらしいこと
悲嘆に暮れる者も貧しい者も申し出て　　陽気な者と楽しむのだ
憎悪と復讐は忘れ去り　　我々の不倶戴天《ふぐたいてん》の敵も許してやるのだ
敵にはどんな涙も押しつけてはいけない　　後悔で敵を苦しめてもいけない
（合唱）
我々の罪の記録は無効にしよう！　　全世界は和解することにしよう！
兄弟たちよ、星空の上では　　我々が裁かれたように、神が裁いてくれる

第七節

歓喜は大きな盃の中であふれ　ぶどうの房の中で黄金の血となり
飲めば野蛮人も温和になり　絶望者にも英雄の勇気が生まれる
兄弟たちよ、いっぱいになった盃が　まわってきたら、席から跳び上がって
泡を天に向かってはねとばすのだ　この盃をよき霊に捧げるのだ！

（合唱）
星の渦がほめたたえ　六翼天使《ろくよくてんし》の聖歌がたたえている
あそこの星空の上におられる　よき霊にこの盃を捧げるのだ！

第八節
重い苦悩には不屈の勇気を　無実の罪に泣く者には救いの手を
誓われた盟約には永遠を　味方にも敵にも真実を
王座の前でも男の誇りを　兄弟たちよ、財産と血にかかわるとも
功労者には冠を　嘘をつくやからには破滅を！

（合唱）
聖なる環をもっときつく締めよ　この黄金のワインにかけて誓うのだ
盟約に忠実であること　星空の審判者にかけて誓うのだ！

ここには「歓喜」（Freude）という言葉が多用されて、人間愛、同胞愛、友情といった人間同士の一体感が生き生きと力強く歌い上げられている。雑誌『タリーア』に掲載されたときには、友人ケルナー作曲の楽譜も付けられていたので、その歌は「連帯の歌」として当時の若者たちの間に広まっていったと言われている。

ベートーヴェンはその頃、ブロイニング邸に出入りしていたので、その図書室でシラーの詩『歓喜に寄せて』に出会ったことも考えられるが、ボンの町に一七八七年に設立された「読書協会」のメンバーでもあったから、その「読書協会」で雑誌『タリーア』に掲載のシラーの詩に出会った可能性もありうる。いずれにしてもベートーヴェン十六歳か十七歳のときである。ベートーヴェンはそのときシラーの詩にとても感動したようである。

またベートーヴェンはボン大学の聴講生となって、そこでもさまざまなことを学んだが、そのボン大学教授であるバルトロメウス・ルートヴィヒ・フィシェニヒという若い詩人とも知り合いになり、ベートーヴェンが彼にシラーの『歓喜に寄せて』の詩にすべて曲をつけたいと話したことは、すでに述べた。このボン時代にシラーの詩と出会ったときから、ベートーヴェンの頭の中にはシラーの詩が生き続けていたのであり、それがやがて交響曲第九番の「歓喜の歌」へとつながっていくのである。

第七節　ハイドンとの出会い

ハイドンの弟子入り許可

ベートーヴェンのボン時代を締め括るにあたって、さらに重要なことはハイドンとも出会う機会に恵まれ、その弟子になることが認められたことである（図9）。その弟子となるきっかけとなったのが、二つのカンタータである。

一七九〇年二月二十日に選帝侯の兄にあたるオーストリア皇帝が他界したとき、ベートーヴェンは『皇帝ヨーゼフ二世の葬送カンタータ』WoO 87（一七九〇年）を作曲し、また十月九日に即位した新皇帝のためには『皇帝レオポルト二世の即位を祝うカンタータ』WoO 88（一七九〇年）を作曲した。前者は厳粛な曲であり、後者は堂々たる戴冠を祝う曲である。いずれも二十歳の若者が書いたとは思われないような曲であり、のちハイドンがこの楽譜を見て驚くのもよく分かる作品である。

そのハイドンはちょうどこの年の暮れのクリスマスの日に、ロンドンに向かう途中、以前ボン宮廷楽団でヴァイオリニストを務めたザロモンと一緒にボンを訪れた。この二人は翌日の十二月二十六日に宮廷礼拝堂でのミサに参加したが、このときベートーヴェンがハイドンに面会したかどうかは、分からない。

一年半に及ぶロンドン滞在を終えたハイドンは、ウィーンへ帰る途中、一七九二年七月初旬に再びボンに立ち寄った。宮廷楽団によって歓待を受けたが、そのときベートーヴェンは上記の二つのカンタータをハイドンに見せたようである。ハイドンはそれらを見て称賛してベートーヴェンの弟子入りを認めたのであった。たまたまそのときボン不在であった選帝侯も、宮廷楽団の職務の有給休暇を取る許可を出したので、ベートーヴェンはいよいよウィーンへ二度目の研修旅行に出かけることになったのである。

図9　ハイドン

友人・知人らによる送別会

ベートーヴェンがウィーンへ出発するにあたっては、ボンの友人や知人が何度も送別会をしてくれて、彼を激励したようである。とりわけ日頃からの「集いの場」であったレストラン兼書店の「ツェーアガルテン」の仲間たちの記念帳には、ベートーヴェンを勇気づける言葉がたくさん書き込まれている。[*9] ワルトシュタイン伯爵の「たゆまぬ努力をもって、モーツァルトの精神をハイドンの手から受け取り給え」という有名な言葉をはじめ、最後には「友情は善なるものとともに、夕べの影のごとく、人生の落日のときまで育つ」というブロイニング家の長女エレオノーレの記述も見出される。これはヘルダーの言葉を引用したものであり、エレオノーレの豊かな教養を窺い知ることができるが、エレオノーレとの友情はその後、彼女がヴェーゲラー夫人となってからも終生続くことになるのである。ベートーヴェンはこれらの友人や知人の言葉に大いに励まされたことであろう。ベートーヴェンというと、どうしても「孤独な音楽家」というイメージが強いが、しかし、ボン時代のベートーヴェンは決してそうではなく、親しい多くの友人たちに囲まれて、そこでさまざまな教養とともに、その後の数々の名曲の基礎を築き上げたのである。故郷ボンでの少年時代があってこそ、のちの偉大な音楽家ベートーヴェンがあるのである。

出発は十月初旬であったが、その頃にはすでにフランス革命軍が国境を越えてドイツ領内に侵攻しており、ボンから近くのコブレンツ付近ではフランス革命軍とドイツ軍が砲火を交えて戦おうとしている中をようやくかいくぐったという、まさに波乱の旅立ちだった。ただベートーヴェンの胸の中では希望が満ちあふれ、小さな町ボンからウィーンという広い社会に向けて輝かしい大きな未来が開けていたのは、確かである。しかし、それはまた新たな「苦難」に満ちた生活の始まりでもあった。

第二章　ウィーンでの音楽活動開始

第一節　ウィーンでの生活

ウィーンでの研修

ヨーロッパにおける第一級の音楽都市ウィーンで成功することを夢見て一七九二年十月上旬にボンを出発したベートーヴェンは、十一月十日前後にウィーンに到着する（図1）。この町はまだ革命や戦争とも無縁であるような華やかな雰囲気の中にあり、独特な多文化都市の趣を見せて、周辺の貴族たちがウィーンにも邸《やしき》を構えていた。この前年に、モーツァルトはすでに亡き人となっていた。またその一ヵ月後には父親が急死したという訃報が届いた。ボンにはまだ扶養が必要な二人の弟が住んでいたが、宮廷楽団員でヴァイオリン教師であったフランツ・リースがまたもやその窮状を救ってくれたので、ベートーヴェンはそのままウィーンでの生活を続けた。

ウィーンのある印刷屋の屋根裏部屋に落ち着くと、ベートーヴェンはさっそくハイドンのもとに通い始め、いろいろなことを学んだが、しばらくすると、その指導内容に少し不満を感じ始めた。いくらか衝突しつつも、その師弟関係はハイドンがロンドンへ旅立つ一七九四年の初めまで続いた。

その間、ベートーヴェンはハイドンには内緒で他の教師を探して、当時ウィーンで名の知られていたヨハン・シェンクや作曲家のヨハン・ゲオルク・アルブレヒトベルガーのもとにも通ってさまざまなことを学ぶとともに、さらにモーツァルトの敵手と考えられていた歌劇場の指揮者アントニオ・サリエリ（一七五〇～一八二五）にも師事して歌曲の作曲法について学び、研鑽《けんさん》を積んでいったのである。

図1　ウィーンの中心にあるシュテファン大聖堂（著者撮影）

最初のパトロン

このウィーンでベートーヴェンの最初のパトロンとなったのが、シレジア地方（現在のポーランド南西部とチェコ北東部）の上級貴族カール・リヒノフスキー侯爵（一七五六～一八一四、図2）であった。リヒノフスキー侯爵は当時三十七、八歳であり、それまではモーツァルトのピアノの弟

図2　リヒノフスキー侯爵

子でもあり、またパトロンでもあった人である。侯爵の妻で貴族出身のマリア・クリスティアーネ夫人（一七六五～一八四一）もピアノ演奏に優れた高い教養の持ち主であり、やがてベートーヴェンはウィーンにも邸を構えるこの侯爵夫妻のもとで生活するようになる。その邸では毎週サロン演奏会が開かれるのが恒例となっていて、そこでベートーヴェンのピアノ演奏や自らの新作なども即興で披露された。ヴァイオリニストのイグナッツ・シュパンツィヒ（一七七六～一八三〇）をはじめ、ヴィオラ奏者フランツ・ヴァイス（一七七八～一八三〇）とチェロ奏者ニコラウス・クラフト（一七七八～一八五三）など、多くの音楽家たちが出入りするサロンのために、ベートーヴェンはさまざまな室内楽作品を提供したのである。ボンという田舎から出てきたこの若い音楽家の噂は、サロンからサロンへと広まっていった。

ベートーヴェンの名声が徐々に広まり始めた頃から、ウィーンの町にもだんだんとフランス革命による影響が表れ始めていた。ウィーンに旅立つ前からその前ぶれがあったボンでは、すでに危機が迫っており、ベートーヴェンに支給されていた給費金も一七九四年三月で打ち切りとなり、ボンの選帝侯は同年十月にはフランス軍占領下に置かれたその町を脱出して、再びそこに戻ることはなかった。

ベートーヴェンはウィーンで研鑽を積んでからボンへ帰って尊敬する祖父と同じ宮廷楽長になることも期待されたであろうが、しかし、今やその帰るべき故郷を失ってしまったのである。それでもベートーヴェンはそれを不運だと思わずに、むしろ逆にボンよりも大きなこのウィーンの地で自分の未来を切り拓いていくことを決意したのである。ここでベートーヴェンは故郷ボンに帰ることにしがみつくのではなく、そこよりいっそう大きくて音楽活動も活発なウィーンに腰を据えて本格的な音楽活動を展開していくことを決意したのである。

ブルク劇場でのデビュー

まず一七九五年三月二十九日と三十日にブルク劇場[*1]で開かれたウィーン音楽協会主催の音楽会では、ピアニストとしてデビューを果たした。ベートーヴェンはたちまちピアノの名演奏家として成功したが、目標はあくまでも作曲家としての名声である。ピアノだけではなく作曲にも勤《いそ》しんで、それから数ヵ月後には作曲家としてデビューした。しかし、当時において新しい作曲家、特に新しい傾向を持った作曲家が認められるということは容易ではなかった。当時のウィーンは典雅な古典的なものが主流であったのに対して、ベートーヴェンの音楽は深い魂の奥底から出てくるものであり、人々にとっては新奇であった。しかし、次第に卓越したピアノ演奏と、モーツァルトやハイドンとは一味違う新鮮な情熱を宿すベートーヴェンの作品に理解を示す人々が現れ、交流の環が広まる。そして長い間スケッチや断片でしかなかった交響曲が完成され始めるのである。

まず『交響曲第一番ハ長調』作品21が一七九九年から翌年にかけて作曲され、一八〇〇年四月二日にブルク劇場にてベートーヴェン指揮で初演された。ウィーンで初めての公開演奏会である。快活であこがれに満ちている曲であり、師ハイドンやモーツァルトの影響が明らかに見られるものの、ベートーヴェン独自の線の強さも表れているこの交響曲第一番は、当時の音楽界の長老であるゴットフリート・ヴァン・スヴィーテン男爵に献呈された。確かに献呈は貴族になされたが、しかし、ベートーヴェンは貴族の楽しみのためではなくもっと広い聴衆のためにこの交響曲を作曲したのであり、以後九つの交響曲の初演はすべて、貴族の邸ではなく、このときのブルク劇場のような市民も入場できるような劇場で行われていることに注目したい。バッハは神のために作曲し、モーツァルトは貴族のために作曲したが、ベートーヴェンは民衆のために作曲したのである。ベートーヴェンの一般市民のための音楽は、ここに始まると言ってもよいであろう。

難聴の兆し

こうしてベートーヴェンはピアニストとしてのみならず、作曲家としてもデビューを飾ったのであるが、しかし、その華々しいデビューの陰では自分の聴力がだんだんと衰えていることに悩んでいた。その兆候はすでに一七九六年頃から見えていたが、ベートーヴェンは誰にもそれを明かすことはなく、音楽活動に専念していた。しかし、その悩みをついに信頼のおける友人に明かさずにはいられないところまで追い詰められた。

その悩みを最初に打ち明けたのは、親友のカール・アメンダに対してであった。アメンダはクーアラント（現在のラトヴィア）出身で、一七九八年にウィーンに出てきて、しばらくモーツァルト未亡人の家で息子たちの家庭教師をしていた。彼はヴァイオリニストとしてもキャリアがあり、ある家の夜会でベートーヴェンは彼と知り合った。年齢もほぼ同じだったことから、互いに気が合い、そのときから親しい友となった。互いの家を行き来して、音楽について語り合った。互いに異郷から来た孤独な若者同士ということで、とりわけピアニストの競争相手の多かったベートーヴェンには、彼との付き合いは慰めとなったようである。しかし、アメンダは兄が急死したために故郷に呼び戻されて、そこで牧師となった。二人はその後会うことはなかったが、文通によって友情は続いた。その三年後にベートーヴェンはアメンダにあてた一八〇一年六月一日付の手紙の中で、誠実な友をほめ称えたあと、次のように自分の悩みを初めて打ち明けるのである。

ベートーヴェン（僕）は自然と創造主とに向かって闘いながら、非常に恵まれない生活をしている。だから幾度君にそばにいてほしいと思ったことか。僕はもう幾度か創造主を呪った。彼は己が創造物を最もつまらない偶然の手に任せ、そしてときには、最も美しい花が咲きちらされ、手折《たお》られるのだ。考えてもみよ、僕の最も貴重な部分、聴覚が、ひどく衰えているのだ、君がまだ僕のところにいた頃から、その兆候に感づいていたが僕は黙っていた。ところがますます悪化するばかりだ。もう一度よくなるかどうかは、もう少し経ってみなければ分からない。それは腸が悪いからだというのだが、その方ならほとんど快《かい》癒《ゆ》しているのだ。で耳の方はよくなるかどうか？ 望みをかけてはいるのだが、むずかしかろう。こうした病気は一番治りにくいのだ。

ベートーヴェンは難聴の兆しをかなり深刻に受けとめていることがよく分かる。ただ演奏や作曲にはまだほとんど支障にはならないが、友人と交わるのに一番差し支えることを告白しており、「僕の耳のことはごく秘密にして、どんな人にも決して話さないでくれ」と頼んでいる。他人に知られることが一番つらかったのである。

難聴の兆しの悩みをベートーヴェンが二番目に打ち明けたのが、ボン時代からの親友フランツ・ゲルハルト・ヴェーゲラーである。彼にあてた一八〇一年六月二十九日付の手紙の中では、ベートーヴェンはこのところ自分の作品からは多額の収入があるので経済的には豊かになったものの、ただ一つ病気が自分を襲っているのが気掛かりであると言って、このように書いている。

ただ妬み深い魔神、病気が、わが前途に難問を投げかけている。というのは、僕の耳が、この三年来だんだん弱ってゆくのだ。この病気は腸からきているのだとのことで、腸はご存じのとおりあの頃から弱かったのだが、ここへ来てからは常習的な下痢に悩まされて極度に弱くなり、ますます悪くなり、これが最初のきっかけを作ったのだ。

このあと手紙の中で、医者の勧めに従って実行したドナウでの温浴で腸の方はよくなったが、耳は元どおりか、あるいはむしろ悪くなったことを打ち明けている。音楽家として輝かしい未来が開けてきたように思われた時期であっただけに、難聴の兆しはベートーヴェンにとってはかなりの苦しみであったに違いない。作曲の面では今のところそれほど支障はないが、人との付き合いで「もっと大きな声で話してください。僕は耳がよく聞こえないのです」とはとても言えないことが、ベートーヴェンには一番苦しかったのである。

このような苦しみを抱えながらも、ベートーヴェンはヴェーゲラーにあてたこのときの手紙の最初の方で「常に成長した存在でありたい」と書いていることは注目に値する。

今僕に言えることは、今度お目にかかるときには、僕が本当に成長した人間になっていようということだ。芸術家としてもっと偉大になっているということだけではなく、もっとよい、完成した人間としてお目にかかりたいと思う。そのときはわが祖国で僕の地位ももっとよくなっているだろうから、僕はわが芸術を、貧しい人々の福祉のためにのみ捧げよう。

「人間ベートーヴェン」を理解する上で、これはとても重要な記述である。ベートーヴェンは音楽家としてのみならず、その前にまずは一人の人間として常に向上しようと努め、そして自分の作品を貧しい人たちに捧げるのが自分の使命だと認識していることが明らかである。このように努力する刺激を与えてくれるのが、ボン時代にブロイニング邸で築き上げられた揺るぎないヴェーゲラーたちとの「友情」であることが、この手紙のあちこちの記述からも読み取ることができる。このヴェーゲラーにあてた手紙は、ベートーヴェンが難聴の兆しの苦しみを告白したという点でも注目すべきであるが、「人間ベートーヴェン」を知る上でもたいへん貴重なものと言えるであろう。

第二節　ウィーン時代初期の作品

ピアノ三重奏曲

一七九二年にボンからウィーンにやってきて、数年後の九六年あたりからは難聴の兆しを覚えるようになった。人との付き合いの面で支障をきたし、それが大きな苦しみとなってベートーヴェンの前に立ちはだかるが、しかし、その苦しみに屈せずにベートーヴェンは音楽活動に励み、さまざまな作品を生み出していった。このようにベートーヴェンは難聴のことで不安を覚えながらも音楽に専念するのである。否、不安であるがゆえに、この不安と闘いながら、それを逆に創作のエネルギーに代えて、ベートーヴェンは数々のピアノ曲を生み出していったのである。そこが偉大なところである。

ベートーヴェンがまずは作曲家として正式な第一歩を踏み出したのは、ピアノ三重奏曲の分野においてであった。ピアノとヴァイオリンとチェロによるピアノ三重奏曲は生涯で全七曲を数えるが、そのうちの四曲がウィーンにやってきて最初の五年間のうちに作曲されている。

まず一七九四年から九五年にかけては、『三つのピアノ三重奏曲』（第一番変ホ長調、第二番ト長調、第三番ハ短調）を書いたが、この三曲がベートーヴェンの番号付き作品の「作品1」ということになる。いずれも四楽章から成り、古典ソナタ形式に従っているが、ベートーヴェンは単に先輩作曲家たちの敷いたレールに沿って走り出すのではなく、早くもこのスタートの段階から独自の路線を切り拓こうとする強い意志が見られる。この記念すべき作品1の三曲はウィーンで最初のパトロンのリヒノフスキー侯爵に献呈されるとともに、その邸宅で初演された。その頃からベートーヴェンは、すでに述べたように、リヒノフスキー侯爵の邸に住まわせてもらっていたのである。

一七九七年には『ピアノ三重奏曲第四番変ロ長調』作品11「街の歌」を作曲した。この作品はもともとピアノとクラリネットとチェロの三重奏曲として書かれたが、クラリネットのパートをヴァイオリンで代用することもできるので、ピアノ三重奏曲の中に数えられている。この曲はトゥン伯爵夫人マリア・ヴィルヘルミーネ（一七四四〜一八〇〇）に献呈された。ベートーヴェンの重要なパトロンであるリヒノフスキー侯爵やラズモフスキー伯爵の夫人は、このトゥン伯爵夫人の娘であり、大の音楽愛好家であった。このような貴族の支援のもとでベートーヴェンは、数々の作品を書いていくのである。

ピアノ・ソナタ

ピアノ三重奏曲はいずれもすばらしい作品であるが、ベートーヴェンの関心は、まず最初のうちはとりわけピアノ・ソナタに向けられていたと言ってもよいであろう。一八〇二年に後述する「ハイリゲンシュタットの遺書」を書くまでのウィーンでの最初の十年間には、作品番号を持つ三十二曲のピアノ・ソナタのうち第一番から第二十番までの二十曲を書いている。ベートーヴェンの生活はピアノと切り離しては考えられなかったので、ピアノ・ソナタはかけがえのない位置を占める大切なジャンルとなっている。
最初の『三つのピアノ・ソナタ』作品2（第一番ヘ短調、第二番イ長調、第三番ハ長調、一七九三〜九五年）からして、すでにそこにはベートーヴェンの個性が強く打ち出されていて、当時のピアノ・ソナタの様式を大きく踏み越えた音楽となっている。次の『ピアノ・ソナタ第四番変ホ長調』作品7（一七九六〜九七年）に続いて、『三つのピアノ・ソナタ』作品10（第五番ハ短調、第六番ヘ長調、第七番ニ長調、一七九五〜九八年）も作曲された。

　画期的なのは、一七九七年から九八年にかけて作曲された『ピアノ・ソナタ第八番ハ短調』作品13「悲愴《パセティーク》」であり、この作品は、ベートーヴェンが難聴を自覚し始めた頃に作曲した作品であり、「悲愴」という標題もベートーヴェン自身がつけたものである。自らが特別に「悲愴」という標題をつけたからには、そこに自らの主張を明示し、聴く人にその曲の内容を伝達しようとしたに違いない。それは何だったのか。第一楽章は冒頭から運命と格闘しながらその苦しみに耐え抜こうとする英雄的な「悲愴感」を漂わせたメロディで始まり、「悲愴」という標題は何とも言えない「悲愴な情緒」をたたえたこのメロディに由来する。ところが、第二楽章はまたがらりと変わって、きわめて優雅で、祈りの気分を持った抒情的なメロディである。さらに第三楽章は第一楽章の動機と通ずるところもあるメロディであり、どこか落ち着きのない不安な情緒を併せ持っていながら、同時に清らかな幸福感をも感じさせる。この作品はウィーンで最初のパトロンとなったリヒノフスキー侯爵に献呈された。初期のピアノ・ソナタの頂点をなす傑作の一つであると言えよう。

一七九七年から九九年にかけては『二つのピアノ・ソナタ』作品14（第九番ホ長調、第十番ト長調）が作曲され、一八〇〇年には『ピアノ・ソナタ第十一番変ロ長調』作品22が、翌〇一年にかけては『ピアノ・ソナタ第十二番変イ長調』作品26「葬送行進曲付き」が作曲されており、この頃は多くのピアノ・ソナタが作られていることが分かる。

また第十二番と同じ頃に『二つの幻想曲風ピアノ・ソナタ』作品27が作曲されていることは注目に値する。『ピアノ・ソナタ第十三番変ホ長調』と『ピアノ・ソナタ第十四番嬰《えい》ハ短調』であるが、特に後者は現在「月光」ソナタで知られている名曲である。「月光」という標題は、詩人レルシュタープ（一七九九～一八六〇）が第一楽章の情景を形容して、「スイスのルツェルン湖の月光に揺らぐ小舟のよう」と表現したことに由来すると言われている。[*2] 第一楽章はその形容にぴったりの幻想的・瞑想的で抒情的なメロディで、聴く人を魅了せずにはいない。その気分は第二楽章で一気に転換されて、第三楽章の激しい情熱的な奔流につながっていく。この「月光」ソナタは、このあと述べるように、やがてピアノの弟子グイッチャルディ伯爵の令嬢ジュリエッタに献呈される作品である。

一八〇二年までには、このほかにもピアノ・ソナタは『第十五番ニ長調』作品28「田園」や作品31の三曲（第十六番ト長調、第十七番ニ短調「テンペスト」、第十八番変ホ長調）をはじめ、演奏時間がいずれも約八分間という『二つのやさしいピアノ・ソナタ』作品49（第十九番ト短調、第二十番ト長調）が作曲されており、その作曲数から証明されるように、ベートーヴェンの頭の中にはこの頃は実にさまざまな楽想が次々に湧き出てくる生産的な時期と言ってもよいであろう。

ピアノ協奏曲

このウィーン初期の十年間に作曲されたのは、もちろんピアノ・ソナタだけではない。ピアノ協奏曲は生涯全部で五曲あるが、そのうち二曲が完成している。

まず『ピアノ協奏曲第一番ハ長調』作品15は、ウィーンに来て二年後の一七九四年にスケッチされ、翌九五年に完成した。初演の年代ははっきりしていないが、一七九八年にリヒノフスキー侯爵と一緒にプラハへ旅行した際に、そこのコンヴィクトザールにおいてベートーヴェン自身の独奏により演奏されたのが、最初だろうとされている。一八〇一年三月に「大協奏曲」として出版され、バルバラ・オデスカルキ侯爵夫人に献呈された。モーツァルトやそのほかの先人の作曲家たちの影響も見られるものの、ベートーヴェン独自の特徴も窺い知ることのできる作品である。

『ピアノ協奏曲第二番変ロ長調』作品19は、第一番よりも前の一七九三年に書き始められ、一七九五年三月中旬に完成し、同年三月二十九日と三十日のブルク劇場でのピアニストとしてデビューした際に、演奏したと言われている。これが第一稿であるが、ベートーヴェンは第一番がほぼ完成するにつれて、この第二番の第一稿に不満を感じるようになって、一七九八年のプラハ旅行中、あるいはその前に改訂を行い、プラハで改訂稿の初演をしたと言われている。そしてこの楽譜は一八〇一年四月に出版されたので、第二番作品19となった。第一番作品15よりもモーツァルトの影響が認められるものの、ベートーヴェン独自の特徴も見え始めている。しかし、ベートーヴェンはこの作品をある手紙の中で「自分の作品の最良のものとは考えない」と書いており、ほかのピアノ協奏曲と比べても現在では影の薄い作品となっている。

その他の作品

これらのほかに一七九六年には『二つのチェロ・ソナタ』作品5（第一番ヘ長調、第二番ト短調）が作曲され、プロイセン国王フリードリヒ・ヴィルヘルム二世に献呈された。

また一七九七年から九八年にかけては『三つのヴァイオリン・ソナタ』作品12（第一番ニ長調、第二番イ長調、第三番変ホ長調）が作曲されて、当時作曲法を教えてもらい、比較的長く師弟関係にあったアントニオ・サリエリに献呈した。そして『ヴァイオリン・ソナタ第四番イ短調』作品23が一八〇一年に作曲されたのに続いて、よく演奏される名曲の『第五番ヘ短調』作品24「春」も作曲されて、いずれもフリース伯爵に献呈された。また一八〇一年から〇二年にかけては『三つのヴァイオリン・ソナタ』作品30（第六番イ長調、第七番ハ短調、第八番ト長調）も作曲されて、ロシア皇帝アレクサンダー一世に献呈されている。

さらに弦楽四重奏曲では一七九八年から一八〇〇年にかけて明るい雰囲気に満ちた最初の六曲作品18（第一番ヘ長調、第二番ト長調、第三番ニ長調、第四番ハ短調、第五番イ長調、第六番変ロ長調）が作曲されて、ロプコヴィッツ侯爵（一七七二〜一八一六）に献呈された。この侯爵はウィーンにやってきた若きベートーヴェンを真っ先に後援した人である。

そのほかに、のちの交響曲第三番「英雄」に発展していくバレエ音楽『プロメテウスの創造物』作品43も一八〇〇年に作曲され、翌〇一年三月二十八日にウィーン宮廷劇場でバレエ公演として行われたことも忘れてはならない。この作品はリヒノフスキー侯爵夫人に献呈された。最後に歌曲として、マティソンの詩による歌曲『アデライーデ』作品46（一七九四〜九五年）、ヘロゼーの詩による歌曲『君を愛す』WoO 123（一七九七年）、ティートゥゲの詩による歌曲『希望に寄せて』作品32（一八〇五年）、ゲーテの詩による歌曲『あこがれ』WoO 134（一八〇七〜〇八年）などがあることを付け加えておこう。

このように見てくると、ウィーンに来てから最初の十年間にはかなりの作品が書かれていることが分かるであろう。まだハイドンやモーツァルトの影響が作品のあちこちに垣間見られるとはいえ、ベートーヴェンは独自の道を歩き始めたと言ってもよいであろう。

第三節　ベートーヴェンをめぐる女性たち

「月光」ソナタのジュリエッタ

このようにたくさんの曲を世に送り出し、ベートーヴェンがウィーンでとりわけピアノの名手として知られるようになると、彼のもとにピアノを習いに来る女性も多くなった。[*3] フランツ・ヨーゼフ・グイッチャルディ伯爵（一七五二頃～一八三〇）の令嬢ジュリエッタ（一七八四～一八五六、図3）もその一人である。

現在のイタリア北東部の町トリエステで生まれた彼女は、一八〇〇年に父がウィーン駐在のボヘミア領事館に赴任するのに伴って家族とともにウィーンにやってきて、ベートーヴェンに弟子入りしたのである。彼女のレッスンは六月に始まったが、ベートーヴェンは当時まだ十六歳のこの少女ジュリエッタにいつしか恋愛感情を抱くようになった。その頃、ベートーヴェンの耳はだんだん聞こえなくなっていたが、ボン以来の親友ヴェーゲラーにあてた一八〇一年十一月十六日付の手紙の中で、ベートーヴェンは、持病の内臓と難聴の悩みを述べたあとで、最近はいくらか愉快に生活していることについて、こう書いている。

今度の変化は、一人の愛らしい魅惑的な娘のせいなのだ。——彼女は僕を愛してくれ、僕もまた愛している。二年ぶりでいくらか幸福な瞬間を楽しんでいる。結婚して幸福になれるだろうと考えたのは、今度初めてだ。

名前は挙げられていないが、この娘こそジュリエッタである。当時、ベートーヴェンは三十一歳。幸せな結婚生活を願っていたことは確かである。しかし、続けて「ただ遺憾なことは、身分が違うのだ。——で、今は、——結婚なんかもちろんできないだろう」と書いている。これまでにもこの身分違いには何度も悩まされてきた。今度もまた身分違いという厚い壁が立ちはだかっている。この悩みを和《やわ》らげてくれるのは、音楽に携わることだけである。ベートーヴェンは彼女に翌一八〇二

図3　ジュリエッタ

図４　「月光」ソナタ（ボン、ベートーヴェン・ハウス所蔵）

年にピアノ・ソナタ第十四番嬰ハ短調作品27－２「月光」を献呈している（図４）。ただ「月光」はベートーヴェンが彼女のことを思いながら作曲した作品ではない。彼女には一七九八年もしくは一八〇〇年に作曲の『ロンドト長調』作品51－２を捧げようとしたものの、それはリヒノフスキー伯爵の令嬢ヘンリエッテに献呈することになったので、ジュリエッタには別の曲として「月光」を献呈することになったのである。

結局、ジュリエッタとの結婚は実現しなかった。彼女は二年後の一八〇三年十一月に一歳年上の若いガルレンベルク伯爵と結婚して、イタリアへと移住したのである。ずっとのちにベートーヴェンの死後、有名な「不滅の恋人」への手紙とともに二人の女性のミニチュア肖像画が見つかった。そのうちの一人がジュリエッタである。そのことからジュリエッタは「不滅の恋人」の最有力候補に挙げられたが、現在ではそれは否定されている。その代わり名曲ピアノ・

ソナタ「月光」を献呈された女性として「不滅の女性」となったのである。

伯爵令嬢ヨゼフィーネ

このジュリエッタがベートーヴェンの弟子となる一年前の一七九九年には、すでにハンガリーの名門貴族ブルンスヴィック伯爵家の二人の令嬢がベートーヴェンにピアノのレッスンをしてもらうためにウィーンにやってきていた。ブルンスヴィック伯爵アントン二世（一七四五〜九三）は女帝マリア・テレージアに仕えていた典型的な啓蒙貴族で、子どもたちに自由な教育を許していたが、一七九三年に亡くなっていた。妻のアンナ夫人との間には長女テレーゼ（一七七五〜一八六一）、長男フランツ（一七七七〜一八四九）、次女ヨゼフィーネ（一七七九〜一八二一）そして三女シャルロッテ（一七八二〜一八四三）の四人の子どもがいた。先に述べたジュリエッタは、このブルンスヴィック伯爵の妹とグイッチャルディ伯爵との間に生まれた娘だったので、それら四人きょうだいとは従兄姉妹《いとこ》ということになる。これら四人きょうだいのうち長女テレーゼと次女ヨゼフィーネにアンナ未亡人は遅ればせながら社交界デビューをさせようと思い、一七九九年五月に二人の娘を連れてウィーンにやってきたのである。

その頃ウィーンでは、ベートーヴェンは気むずかしくて会うことも無理であろうと噂されていたが、意外にもベートーヴェンは十六日間彼女たちの泊まっているホテルに出かけて、レッスンを施したばかりか、観光や観劇にも付き合い、すっかり意気投合したようである。別れに

図5　伯爵令嬢ヨゼフィーネ

際してベートーヴェンはゲーテの詩『われ君を想う』に曲づけし、またピアノ連弾用の四つの変奏曲を作って、二人のサイン帳に記して献呈し、さらにのち（一八〇五年）には二つの変奏曲を加えてゲーテの詩『われ君を想う』による『六つの変奏曲ニ長調』WoO 74を献呈している。[*4] その二人との付き合いは、その後もしばらく親しく続くこととなるのである。

まず妹ヨゼフィーネ（図5）の方は、ウィーン到着後ほんの一ヵ月のうちに、宮廷美術家ヨーゼフ・ダイム伯爵に見初《みそ》められて、母親の強引な説得に逆らえずに、三十歳ほど年上の伯爵と結婚して、ウィーンに移り住んだが、それが不幸の始まりだった。かなり年上の夫とは気心が通じず、子宝に恵まれたものの、決して幸せとは言えなかった。さらに一八〇四年には夫のダイム伯爵は旅先のプラハで急死してしまった。二十四歳で突然未亡人となったヨゼフィーネは、その直後に四人目の子どもを出産したが、神経の病にひどく悩まされるようになった。そのような折ベートーヴェンは長姉テレーゼと末妹シャルロッテに頼まれて、ヨゼフィーネにピアノのレッスンをすることとなった。ベートーヴェンは毎日のようにに彼女を訪ねて、レッスンをし、いつしか二人の関係はかなり深いところまで進んだという。一八〇五年春にはティートゥゲの詩による歌曲『希望に寄せて』作品32を贈っている。またベートーヴェンがヨゼフィーネにあてて書いた十三通の手紙[*5]が一九四九年に発見され、「あなたにお会いしたとき、決してどのような愛情も抱くまいと、私は固く決心していましたが、しかし、あなたは私を征服してしまったのです」とか「長い、長い忍耐が私たちの愛には必要なのです。……あなたの心臓が私のために打つときはいつくるのか。私の心臓は死ぬまで私のあなたのために打ち続けるでしょう」などという愛の告白の言葉が綴られている。このような手紙を書くときのベートーヴェンは音楽家ではなく、まさに詩人である。愛する詩人である。愛はますます燃えていき、二人の関係はかなり深くなっていった。その頃作曲された『ピアノ・ソナタ第二十三番へ短調』作品57「熱情」の激しいメロディは、そのときのベートーヴェンの激しい恋心から生まれたとする説もある。この曲は一八〇七年二月にヨゼフィーネの兄フランツに献呈されたので、何らかのかたちでヨゼフィーネに関係していたのかもしれない。しかし、ヨゼフィーネはその後、母親としての使命に生きることを決意して、息子たちに理想の教育を受けさせようと、スイスの有名な教育者ペスタロッチを訪れた際、エストニア出身のクリストフ・シュタッケルベルク男爵と出会い、彼を家庭教師に迎えることになった。ただシュタッケルベルク男爵は「夫の資格でなければ、子どもたちの教育は引き受けられない」と言い出したので、結局、ヨゼフィーネは一八一〇年二月十三日にシュタッケルベルク男爵と再婚した。ここでベートーヴェンの恋は終わった。ヨゼフィーネは当然のことながら「不滅の恋人」と考えられたこともあったが、今日ではそれは否定されている。

伯爵令嬢テレーゼ

このヨゼフィーネの姉にあたるのが、ブルンスヴィック伯爵令嬢テレーゼである（図6）。テレーゼは一七九九年に母親同伴でハンガリーからウィーンに出てきて、妹のヨゼフィーネと一緒にベートーヴェンにピアノのレッスンを受けたことは、すでに述べた。

図6　テレーゼ

ベートーヴェンとの付き合いはその後も続くこととなり、妹のヨゼフィーネが最初の夫ヨーゼフ・ダイム伯爵を失い、神経の病に悩まされていたとき、避暑地にいたベートーヴェンを訪ねて、ダイム邸に彼を呼び寄せたのも、この姉のテレーゼと末妹シャルロッテであった。その結果、妹ヨゼフィーネにベートーヴェンは急接近していくことになるのである。

この頃、テレーゼは常軌を逸した恋愛事件を起こすかと思えば、不似合いな社交性を発揮してサロンの女王を演じたりして、人々を驚かせたようである。ベートーヴェンが心を寄せていたのは、自分ではなく、妹のヨゼフィーネだったことにショックを受けて、そのような行動に出たのかどうか。それは分からない。

ベートーヴェンとヨゼフィーネとの恋愛が頂点に達していた頃の一八〇六年に、ベートーヴエンはハンガリーのブルンスヴィック家を訪れて、そこの客人となっており、すでに述べたように、テレーゼの弟で、ヨゼフィーネの兄にあたるフランツに『ピアノ・ソナタ第二十三番』作品57「熱情」を献呈している。その翌年の一八〇七年五月十一日付のフランツにあてた手紙の最後の方で「自分のためにお姉さんのテレーゼに接吻してくれ給え」と書き記している。ベートーヴェンは「真剣に恋しているときほど、それを人に知られないようにしていた」（一八〇〇年以来の音楽仲間ドレジャレクの言葉[*6]）ようなので、当時絶頂期にあった自分とヨゼフィーネとの関係を人々の眼からそらすために、テレーゼのことを挙げたのであろうか。それともこの頃には同時にテレーゼとの関係も深くなっていたのであろうか。

図7　ヨゼフィーネ（左）とシャルロッテ（写真提供：ユニフォトプレス）

いずれにしてもこの五月の手紙がきっかけとなって、この夏、ブルンスヴィック伯爵家の三姉妹（テレーゼ、ヨゼフィーネそしてシャルロッテ）が揃ってベートーヴェンに自分たちの肖像画を贈ろうと相談したようである（図7）。こうしてテレーゼが「類い稀な天才、偉大な芸術家にして善良な人へ」と書き添えて肖像画を贈った。この肖像画をベートーヴェンはその後の度重なる転居の際にも大切にし、終生保持していたという。そして晩年、ベートーヴェンはその肖像画を前にして、「あなたはとても美しくて偉大で天使のようだった」と、涙を流しながらそれに接吻していたというエピソード[*7]も残っている。

ベートーヴェンはヨゼフィーネとの愛に理性的な決着をつけたのち、その姉のテレーゼに愛情を抱くようになったのであろうか。ロマン・ロランの説によると、ベートーヴェンは一八〇六年にテレーゼと婚約したが、一〇年にはその婚約が破棄されたとも伝えられているという。[*8]その間の一八〇九年にはベートーヴェンは夢想的で風変わりな『ピアノ・ソナタ第二十四番嬰へ長調』作品78をテレーゼに献呈しており、それは「テレーゼ・ソナタ」とも呼ばれている。

なお、テレーゼは生涯結婚することはなかった。ベートーヴェンが死んだ翌年にハンガリーで託児所を設けて、そこで仕事を続け、当時としては大変な長生きをして、八十六歳で亡くなった。当然のことながらこのテレーゼもベートーヴェンの「不滅の恋人」の候補に挙げられたが、現在ではそれは否定されている。

いずれにしてもベートーヴェンはハンガリー出身のブルンスヴィック伯爵家のきょうだいと深く付き合っていたのであり、その一人一人がベートーヴェンの生涯に大きな意味を持っていて、そこからさまざまな作品が生まれていることが理解できよう。

ドロテーア・フォン・エルトマン男爵夫人

一八〇三年以来、ベートーヴェンのピアノの弟子となった女性に、ドロテーア・フォン・エルトマン男爵夫人（一七八一～一八四九、図8）もいる。彼女は一七九八年にエルトマン男爵と結婚して、ウィーンにやってきて、ベートーヴェンの弟子となったのである。彼女はベートーヴェンのピアノ・ソナタを生涯の課題とし、卓越したピアノ演奏者としてウィーンの音楽界で長く活躍した女性である。彼女は可愛がっていた幼い子を亡くしたことがあるが、そのときベートーヴェンは悲しみに暮れる彼女を招待して、「今日は音楽だけでお話ししましょう」と一言口にしただけで、ピアノの前にすわって、心を込めて長い時間即興演奏をしてあげたという。

図8　ドロテーア

その頃には、ベートーヴェンは難聴に苦しんでいたと思われるが、弟子に対してなんとやさしい音楽家であろうか。彼女は後年「彼は私に何から何までピアノで話し、最後には慰めを与えてくれました」と述懐している。ずっとのちの一八一七年には『ピアノ・ソナタ第二十八番イ長調』作品101が献呈され、そのときのベートーヴェンの一八一七年二月二十三日付の手紙が残されている。

幾度となくあなたのためにと思って作曲しまし

た私の作品を受け取ってください。これはあなたの芸術的な才能とあなたの人柄に私がどんなに傾倒しているかを知っていただく一つのしるしです。

この手紙の冒頭では彼女のことを「貴いドロテーア・ツェツィーリア（ツェツィーリアは音楽家・詩人の保護者と言われる聖女）」と呼びかけており、また献呈の手紙からも彼女がベートーヴェンにとってかけがえのない弟子であり、生涯の女友達であったことがよく分かる。彼女は一八二〇年に軍政官の夫に従ってイタリアのミラノへ移住するが、その後も幾度もウィーンにやってきて、ベートーヴェンの曲を弾いた。またのちにベートーヴェンの甥カールが軍隊に入れるように夫とともに手助けをしたという話も残っている。ベートーヴェンはこのようなすばらしい弟子にも恵まれていたのである。

アンナ・マリー・エルデーディ伯爵夫人

一八〇三年頃からベートーヴェンの心の支えとなり、また彼の音楽活動に大きな影響を与えた女性として、アンナ・マリー・エルデーディ伯爵夫人（一七七九〜一八三七、図9）も欠かすことはできない。彼女はその頃ジュリエッタ・グイッチャルディへの恋に破れて苦しんでいたベートーヴェンの「魂の告白」の聴き手となった人物である。一八〇八〜〇九年頃にはベートーヴェンはこの伯爵家に寄寓しており、伯爵夫人とは互いに長所も短所も知り尽くした親密な間柄であった。

この一八〇八年頃はナポレオン戦争による混乱から通貨が不安定となった時期で、ベートーヴェンにとっても深刻な問題となった。彼にはウィーンを去ってヘッセン・カッセル選帝侯の宮廷楽長となる話が持ち上がってきたが、そのとき財力豊かな貴族に働きかけて、ベートーヴェンをウィーンにとどめたのも、このエルデーディ伯爵夫人であった。彼女の働きかけによってベートーヴェンは、一八〇九年三月一日付でルドルフ大公とロプコヴィッツ侯爵およびキンスキー侯爵からの拠出金で、カッセル宮廷楽長の報酬を超える「年金」をもらえることとなり、ウィーンにそのまま滞在することになったのである。

図9　アンナ・マリー・エルデーディ伯爵夫人（写真提供：ユニフォトプレス）

その一八〇八年にはベートーヴェンは彼女に『二つのピアノ三重奏曲』作品70（第五番ニ長調「幽霊」と第六番変ホ長調）を捧げているが、それはその折の彼女への感謝の気持ちだったのであろう。第五番は第二楽章で神秘的で沈鬱な情緒が醸し出されていて、「幽霊」という別名を与えられており、この曲と第六番はともにその年の十二月にエルデーディ伯爵邸でベートーヴェンと伯爵夫人ともう一人の奏者により演奏されたが、その音楽的な出来栄えはかなり高かったと言われている。

またのちの一八一五年にもベートーヴェンは彼女には『二つのチェロ・ソナタ』作品102（第四番ハ長調と第五番ニ長調）を献呈している。

一八一五年十月十九日付と一八一六年五月十三日付の彼女にあてた手紙も残されているが、その二通の手紙の中ではその頃のベートーヴェンの信念が綴られている。

不滅の霊魂を有する必滅の生者たる我々は、ひたすら悩みと歓喜のために生まれてきたのです。ほとんどこう言ってもよいでしょう。――最も優れた人々は「苦悩」を突き抜けて「歓喜」をかち得るのです。

最近のお手紙で、わが愛する友よ、あなたは今も非常に悩んでおられることを知りました。人間はそうしたものにほかならぬのです。こういうときこそその人の力が試されるのではないでしょうか。それは、ぶつぶつ言わないで耐え忍び、自己の空虚なるを感じ、神が空虚なるものを通じて与えられんとする完成に再び到達する力です。

「苦悩」を越えて「歓喜」へというベートーヴェンの信念は、ジュリエッタ・グイッチャルディへの失恋で苦しんでいたとき、このアンナ・マリー・エルデーディ伯爵夫人にその「魂の告白」を聴いてもらうことによって、知らぬうちに身についたものであろう。この「苦悩から歓喜へ」の信念は、その後のベートーヴェンを貫き、『第九』の「歓喜の歌」へとつながっていくのである。彼女は一八〇五年から一五年にかけてベートーヴェンの作曲に強い影響を与えたとも言われている。内面的に支えてくれた女性である。

なお、彼女は当時の革新的なフリーメーソンのメンバーとして、政治的な理由で国外に追放となったのち、一八一九～二〇年頃、一時ウィーンに戻っているが、一八二四年以降はミュンヘンに移住して、そこで亡くなっている。

図10　テレーゼ・マルファッティ（写真提供：ユニフォトプレス）

テレーゼ・マルファッティ

一八一〇年にベートーヴェンが求婚したという女性にテレーゼ・マルファッティ（一七九二～一八五一、図10）がいる。先に述べたように、一八〇九年三月に三人の貴族との間で「年金契約」が成立したので、ベートーヴェンは結婚を望んだのか、友人のイグナーツ・グライヒェンシュタイン男爵に手紙で「嫁探し」を依頼した。この男爵は一八〇七～〇八年に作曲の『チェロ・ソナタ第三番イ長調』作品69を献呈していた人物である。「嫁探し」の依頼を受けると、グライヒェンシュタイン男爵はベートーヴェンの主治医ヨハン・マルファッティの親戚であるマルファッティ家の娘を紹介した。この家は世襲貴族ではないが、裕福な上流貴族であり、二人の娘がいた。妹のアンナはまもなくそのグライヒェンシュタイン男爵と結婚することになるが、ベートーヴェンの結婚対象となったのは、姉テレーゼの方であった。当時十八歳前後のテレーゼは美しかったが、それだけではなく、ベートーヴェンは彼女の中に豊かな音楽的才能と感受性を見出して、音楽教師のように接している。彼女にあてた一八一〇年五月八日付の手紙も残されているが、その中でベートーヴェンは彼女にゲーテやシェイクスピアを読むように勧めている。ベートーヴェンはそのような彼女と結婚したいという思いを抱くようになり、その年に求婚した。その頃ボン近くのコブレンツで医者となっていた親友のヴェーゲラーにあてた一八一〇年五月二日付の手紙の中で、ベートーヴェンは洗礼証明書を取って送ってほしいと頼んでいるが、それはこのテレーゼ・マルファッティとの結婚に必要な書類だったのだろう。しかし、その求婚は拒絶されたようである。一家はベートーヴェンの天才を尊敬してはいたものの、娘をその嫁にすることなどはいささかも考えていなかったのであろう。テレーゼは結局一七年に宮廷評議員のドロスディック男爵と結婚することになるが、夫婦仲は悪く、その結婚は失敗した。いずれにしてもベートーヴェンはまた上流貴族という身分違いから彼女との結婚は叶わなかったのである。

なお、ベートーヴェンのバガテル（二部から成る短い器楽曲）に有名な『エリーゼのために』WoO59がある。この作品はテレーゼ・マルファッティに贈られた（読みにくい筆跡のためにテレーゼはエリーゼと間違えられた）と長い間信じられていたが、今日では否定されて、テノール歌手レッケルの妹で、エリーゼという愛称で呼ばれていたエリーザベト（のちのフンメル夫人）に贈られたとするのが定説となっている。[*9] ただこのテレーゼ・マルファッティのためにも贈られたピアノ作品があると思われるが、具体的にどの作品であるかは分からない。

ベッティーナ・ブレンターノ

図11　ベッティーナ・ブレンターノ

一八一〇年にこのテレーゼ・マルファッティとの結婚を拒絶されたことでベートーヴェンは、幾分かプライドを傷つけられたものの、そこからの立ち直りは早かった。その五月下旬には突然ベッティーナ・ブレンターノ（一七八五～一八五九、図11）という女性の訪問を受け、それがきっかけでまた新たな恋が芽生えていくからである。

ベッティーナ・ブレンターノはイタリア出身の豪商アントン・ブレンターノと三人目の妻マクシミリ

アーネとの間にフランクフルトで生まれた。マクシミリアーネ（女流作家ゾフィー・フォン・ラ・ロッシュ夫人の娘、一七五六～九三）はかつて『若きウェルテルの悩み』を書いていた頃のゲーテと深い恋愛関係にあり、そのモデルの一人となった女性である。[*10] マクシミリアーネがブレンターノ家に嫁いだことで、ゲーテとの恋愛は終わり、彼女はアントン・ブレンターノの先妻が遺した子どもたちの継母《ままはは》となったが、その子どもの一人に九歳のフランツがいた。のちにフランクフルトの大実業家となるフランツ・ブレンターノ（一七六五～一八四四）であり、つまりは、ベッティーナの異母兄である。マクシミリアーネから生まれたうちの一人が、のちにドイツ民謡詩集『少年の魔法の角笛』の編纂者の一人クレメンス・ブレンターノ（一七七八～一八四二）であり、ベッティーナの実兄ということになる。ブレンターノ家はそのような裕福な名家であった。

一八一〇年五月、ベッティーナは異母兄フランツ・ブレンターノ夫妻が滞在していたウィーンの故ビルケンシュトック伯爵邸を訪問した。その伯爵邸はフランツの妻アントーニアの実家だったのである。その家の音楽の集いでベッティーナは今まで聴いたことのないようなピアノ曲に心を奪われてしまった。このようなすばらしいピアノ曲を作曲した人は、どのような音楽家なのだろうか。そのピアノ曲はベートーヴェンのピアノ・ソナタ「月光」だったらしく、ベッティーナは人が止めるのも聞かずに、なんとしてもその作曲家に会いたいと思って、ベートーヴェンの居所を探し当てて、彼を訪ねていったのである。

その前年、ベートーヴェンはゲーテの詩に次々と曲をつけており、出版したばかりの歌曲集『六つの歌』作品75には第一曲に「君よ知るやかの国」で始まるゲーテの詩による歌曲「ミニヨン」を入れていた。ベッティーナは、青春時代のゲーテが熱い想いを寄せていたマクシミリアーネの娘として、当時ゲーテと親しい間柄であった。ベートーヴェンの目の前に現れたベッティーナは、ベートーヴェンにとってはゲーテが思い描いた「詩と愛とあこがれ」の象徴であるイタリア人少女ミニヨンに映ったのではあるまいか。ボンの少年時代からゲーテを崇拝していたベートーヴェンにとって、ベッティーナはゲーテからの使者とも思えたに違いない。たちまちベートーヴェンはベッティーナと親しい仲になった。

初めて会ったその日にベートーヴェンはベッティーナをビルケンシュトック邸まで送っていった。そこではちょうど昼食会が行われており、ベートーヴェンもそれに加わり、上機嫌となって、夜の一〇時までそこにいたという。このときベートーヴェンはのちに触れるアントーニア・ブレンターノに初めて出会ったのだと思われる。

翌日から毎日のようにベートーヴェンはビルケンシュトック邸を訪れて、ベッティーナを散歩や音楽会に連れ出した。ベッティーナは芸術に造詣《ぞうけい》の深い女性であったから、ベートーヴェンはそれまで自分の中で温めてきた音楽についての想念を彼女に語った。彼女も熱心にその言葉に耳を傾けた。ベッティーナほどこの天才音楽家の創造世界に入っていって、その音楽の核心を引き出した話し相手はいなかったであろう。そのときベートーヴェンは「こういう私の考えをゲーテと話せたら！」と何度も繰り返したという。

　花咲く公園アウガルテンを一緒に訪れた翌日、一八一〇年五月二十八日にベッティーナは、ゲーテあてにベートーヴェンを紹介する手紙[*11]を書いているが、その中でその二人の会話の内容を詳しく書いている。それによると、ベートーヴェンは「音楽がすべての知識や哲学よりもずっと高い啓示であることを考えてもみないような世界を私は軽蔑しなければなりません。音楽はぶどう酒です。それはさらに新しい創造に熱中させます。そして私は人間のためにこの精妙なぶどう酒を醸《かも》すバッカスです」と語ったという。そしてベートーヴェンはゲーテの詩について、「ゲーテの詩には、内容からだけでなくリズムからも私は強く動かされます。精神の力によってこのような高い秩序を築き上げ、ハーモニーの秘密をすでに自らの中に持っているこうした言葉に作曲したい気持ちになり、また揺り動かされます」とも語ったようである。これを読んだゲーテはさぞかし喜んだことであろう。ベートーヴェンはさらに「私のことをゲーテに話してください。彼は私の交響曲を聴かなければいけないと。聴けばきっと音楽は高い知識の世界に入るただ一つのかたちのない入り口であって、知識の世界は人間を覆い包んでいながら、しかも捉えることができないのだ、という私の意見が正しいと言うでしょう」とも語り、そのあと続けて、「魂が音楽から感性的な養分を吸えば吸うほど、精神は音楽と幸福な和合を得て豊かになります。――しかし、ここに到達する人はわずかです。……音楽もまたほかの芸術と同じく、その根底に道徳的精神を高い目標としています」と語り、自らの音楽の究極的な目標も「道徳的精神」にあることを明らかにしている。ベッティーナはベートーヴェンのこれらの言葉から貴重なものを学び取り、またベートーヴェン自身も自らの音楽哲学を熱心に聴いてくれる話し相手が、久しぶりに自分の前に現れたことを大いに喜んだことであろう。

やがてベッティーナはウィーンを去って、ボヘミアへ帰っていったが、その後も二人の間には手紙のやりとりがあり、一八一〇年八月十一日付の手紙の中では、「愛するベッティーナ、最も愛する乙女よ！——芸術！——これを理解する者、——この偉大なる女神をともに語ることができる者よ！——私たちが一緒にしゃべり合った、というよりむしろ互いに筆談し合ったあの数日がどんなに私には楽しかったことでしょう」と、ベッティーナと語り合った日のことを懐かしんでいる。この手紙の最後にベートーヴェンは彼女と知り合った思い出に「ミニョン」とともに、ベッティーナと別れてから作曲したゲーテの詩による歌曲「新しい愛、新しい生」（『六つの歌』作品75の第二曲）の詩を書き込んでいる。手紙に書き込んでいるのは、最初の四行だけであるが、以下にこのゲーテの詩全体の邦訳を掲載しておこう。

心よ、わが心よ、どうしたというのだ？　どうしてそんなにわくわくしているのか？
何という見も知らない新たな生だ！　これがお前だとはとても思われない
お前が愛していたものはすべて消え　お前を悲しませていたものも消え
お前の努力も安らぎも消え去った　ああ、お前はどうしてこうなったのか！

限りない力でもって　　お前を縛りつけるのは花盛りの乙女か
この愛《いと》おしい姿か　　真心と善意に満ちたこのまなざしか？
すばやく彼女から逃れようとしても　　勇気を起こして彼女から逃げ出そうとしても
ああ、私はたちまちのうちに　　また彼女のもとに引き戻される

断ち切れない　　この魔法の糸で
この愛らしい解き放たれた乙女は　　有無を言わさずに私を縛りつける
その魔法の輪の中で彼女の　　意のままに生きなければならないのか
ああ、なんというひどい変わりよう！　　愛よ！愛よ！私を解き放っておくれ！

ゲーテはベッティーナの母マクシミリアーネへの失恋からひどい苦しみを体験し、その苦しみを『若きウェルテルの悩み』の中に結晶させたのであったが、この書簡体小説を出版した翌年には、ゲーテは上流社会の令嬢で十七歳のエリザベート・シェーネマンと知り合って婚約した。それはゲーテにとって唯一婚約まで進んだ恋愛であった。しかし、彼は半年もしないうちにその婚約を解消した。彼女は教養もあり、誰が見てもゲーテにふさわしい婚約者だったが、しかし、幸福な結婚生活へのあこがれと同時に、それに縛られたくないという心の葛藤に悩ん

だ末の結果だった。そのようなときに書かれたのが、この詩である。

このようなゲーテの詩に曲づけをしたベートーヴェンは、この歌曲にどのような気持ちを込めたのであろうか。ベッティーナの中に新しい恋を見出したのであろうか。しかし、ベッティーナは一八一一年三月に詩人の兄クレメンスの友人であり、ともにドイツ民謡詩集『少年の魔法の角笛』を編纂した男爵ルートヴィヒ・ヨアヒム・フォン・アルニムと結婚した。ベートーヴェンはその直前の一八一一年二月十日付のベッティーナにあてた手紙の中で、アントーニア・ブレンターノを介してであろう、彼女が結婚することを伝え聞いたことを書いている。ベートーヴェンの新たな恋は、こうしてまたもや終わったのである。

図12　アマーリエ・ゼーバルト

ソプラノ歌手アマーリエ・ゼーバルト

この一八一一年の夏、ベートーヴェンは初めてボヘミアのテプリッツへ出かけるが、その地で彼は以前その詩『希望に寄せて』に曲をつけたことのある詩人クリストフ・A・ティートゥゲとその同伴者エリーゼ・フォン・デァ・レッケ男爵夫人と親しくなった。そのとき夫人に同行していたのが、アマーリエ・ゼーバルト（一七八七～一八四六、図12）だった。彼女はベルリンのソプラノ歌手であり、当時二十四歳で、その若さと美貌と美しい声でベートーヴェンが関心を持たなかったはずはない。彼ら三人が引き上げたあとで、テプリッツに残っていたベートーヴェンは、ティートゥゲあてに九月六日付で手紙を書いているが、その中で一行への名残り惜しさとともに、「アマーリエには誰も見ていなければ熱烈なキスを」と書き添えている。

翌一八一二年にもアマーリエ・ゼーバルトは家族とともにテプリッツに来ており、胃腸をこわして病床にあったベートーヴェンの看護をしている。九月十六日から二十二日までの間にベートーヴェンが彼女にあてて走り書きのように書いた八通の手紙が残っているが、ロマンチックなところはまったくない手紙である。彼女は一八一五年に法律顧問官クラウゼと結婚した。ベートーヴェンとアマーリエ・ゼーバルトとの交流は一八一一年と一二年のテプリッツでの短期間のものであった。

報われない恋心

それにしても一七九九年から一八一二年までのベートーヴェンは、このようにさまざまな女性と出会い、また次から次へと恋をして、結婚にあこがれて求婚までしていることを考慮すると、異常なほど愛多き男性だったと言わざるをえない。感受性の強い男性であったことは確かであるが、その愛はかりそめの軽々しいものではなく、ベートーヴェンにとっては常に真剣なものであった。ベートーヴェンは、親友ヴェーゲラーにあてた手紙からも分かるように、「自分の音楽を貧しい人々の福祉に捧げたい」という信念を抱き続けた人物であり、夫を失ったあと体調を崩したヨゼフィーネや幼い子を失ったエルトマン男爵夫人などに対しては、「音楽だけでお話ししましょう」と言って、ピアノを弾いて、それによって病める心を慰めたのである。そういうベートーヴェンらしい「やさしさ」で接しているうちに、徐々に二人の心には通い合うものが生まれていったのではあるまいか。

第四章で取り上げる最も重要で「不滅の恋人」とも見なされているアントーニア・ブレンターノの場合が、まさにそのような恋愛である。詳細はそこで述べるが、ベートーヴェンの「弱い立場にある人への思いやり」から次第に二人の心には温かいものが生まれてきて、それがいつの間にか恋愛へと発展していったのである。

さらにもう一つ大切なこととして、本章で述べたこれらの女性と出会った頃は、ベートーヴェンは難聴の兆しを自覚し始め、その苦しみに苛《さいな》まれた時期であったことをも忘れてはならない。難聴の苦しみを抱えた人だっただけに、普通の人以上に心の支えとなってくれる女性を求めたとも考えられないだろうか。偉大な音楽家とは言え、ベートーヴェンは一人の人間である。一人だと寂しいと思うときもあったのではないか。ときには「弱さ」を伴ってこそ本来の人間である。その上、ベートーヴェンの場合は難聴を抱えた身である。それなのに彼の女性への恋心は、最終的には身分違いによりいつも報われることはなく、愛情が強かっただけに、苦しみはさらに深くなるのであった。

　こうして苦しい時期ではあったが、ベートーヴェンはその難聴の苦しみとともに失恋の苦しみを乗り越えて、数々の名曲を生み出していったのである。否、その難聴の苦しみがあったからこそ、名曲が生まれたと言ってもよいだろう。次章ではその難聴とベートーヴェンはどのように向き合い、克服していったのか、そのあたりを探っていくことにしよう。

第三章　ハイリゲンシュタットの遺書

第一節　ウィーン郊外ハイリゲンシュタット

「静寂による回復」を期待してハイリゲンシュタットへ

こうしてベートーヴェンは伯爵家の令嬢たちと深くかかわり、身分違いのためにその恋の苦しみを味わいながらも、芸術の女神ミューズに取り憑《つ》かれたようにさまざまな名曲を世に送り出したのであったが、しかし、その間恋の苦しみだけではなく、耳がだんだんと聞こえなくなってきたということにも苦しんでいたことを私たちは忘れてはならない。音楽家にとって、耳が聞こえないということは、どんなに絶望的なことか！　ベートーヴェンは社交を断ち、孤独の日々が続くようになるのである。

ベートーヴェンは医師たちの診察を受けて、さまざまな治療を勧められたが、どれも効果はなく、最後にはヨハン・アーダム・シュミット博士の助言により、「静寂による回復」を期待して一八〇二年五月に六ヵ月ほどの予定でウィーン郊外のハイリゲンシュタットに出かけるのである。

ところが、静寂の中での回復への期待もむなしく、病状は悪くなる一方で、六ヵ月経った頃、治癒の望みがないことを悟ると、その絶望の極みの中で、同年十月六日にいわゆる「ハイリゲンシュタットの遺書」を書くのである（図1）。

二人の弟たち

この「ハイリゲンシュタットの遺書」はベートーヴェンの二人の弟カールとヨハンにあてたものである。父ヨハン亡きあともボンに残った二人の弟たちは、その後どういう生活をしたのか。「遺書」の内容に入る前に、ここで二人の弟たちのその後について簡単に説明しておこう。

まず、すぐ下の弟カスパール・カールは、ボンで音楽の基礎的な学習は修めていたので、貴族の子女たちを対象にピアノ教師として自らの生計を立てたが、宮廷楽師になったわけではなかったため、家計が安定することはなかった。兄ベートーヴェンは一七九四年五月頃に弟カールをウィーンに呼び寄せた。帝都ウィーンでは貴族の子女たちが教養としてピアノをたしなむことが必要とされていたので、ある程度の需要もあって、カールはピアノ教師を務めながら、生活していった。

図1　「ハイリゲンシュタットの遺書」を書いた家（ベートーヴェン・ハウス。著者撮影）

末の弟ニコラウス・ヨハンは、音楽には興味を示さずに、薬剤師の資格を取るためにボンの宮廷薬剤局に見習いとして勤め始めていたが、そこで薬剤師としての資格を取得すると、兄ベートーヴェンに呼び出されたかたちで、一七九五年五月にウィーンへやってきて、ケルントナートーア劇場近くの薬局ツム・ハイリゲン・ガイストに就職した。こうしてベートーヴェン三兄弟はウィーンで生活することになったが、二人の弟はそれぞれに独立した生活を営んでいたとはいえ、最初のうちは兄ベートーヴェンから経済的援助を受けていたようである。兄ベートーヴェンは両親亡きあと、一家の長としての役目もきちんと果たしていたのである。

このような中で今度は自分に難聴の兆しという危機が迫ってきたのである。自らの音楽活動にも大きな支障をきたすことであったことは、明らかである。一七九六年あたりからそれに悩み、人との付き合いを避け始めて、ついにはその難聴の苦しみを二人の弟たちにも打ち明けざるをえないところまで追い込まれてしまったのである。

その苦しみを打ち明ける方法として、ベートーヴェンは二人の弟たちに遺書を書いた。それが「ハイリゲンシュタットの遺書」[*1]と呼ばれるものである（図2）。本書の巻末にその全訳を付録1として掲載しておくが、以下ではその遺書の内容を要約しておこう。

遺書が伝えたこと

冒頭でベートーヴェンは弟たちに初めて、自分は六年前（一七九六年）から不治の病に冒《おか》されていることを告白する。もともとは社交的な自分が、もはや社会から孤立して生きなければならず、つらい思いをしてきたことを暴露する。「もっと大きな声で話してください。私は耳がよく聞こえないのです」とはとても言えずに、これまで社交を避けてきたことを「遺書」の冒頭部分で打ち明けるのである。他人と比べてずっと優れていなければならない音楽家としての感覚が衰えていることを、人に知らせることはできなかったのである。以前とは違って引きこもることが多くなっているが、その理由も知られずに、自分が誤解される不幸は、自分を二重に苦しめるのだと、心の内を打ち明ける。半年ほどこの田舎で暮らしているが、他人には聞こえる遠くの笛の音《ね》も羊飼いの歌声も、自分には何も聞こえないとは、なんという屈辱だろうと嘆くのである。

図２　「ハイリゲンシュタットの遺書」冒頭部分

このような不幸に見舞われて、もう少しのところで自ら命を絶つところだったが、しかし、芸術への情熱が自分の自殺行為を思いとどまらせたと告白する。自分に課せられた使命をすべて終えてからでなければ、自分は死ぬことはできないと、音楽への情熱をたぎらせる。難聴という危機に直面することで、はっきりと芸術家としての使命に目覚めたのである。そして悲惨な人生を耐え忍ぶことが、自分のこれからの指針でなければならないと決意するのである。どん底に落ちても、音楽に打ち込むことによって、その悲運を克服しようと決意しているところに、ベートーヴェンの強さがあり、言い知れぬ魅力がある。

そのような決意を述べたあと、ベートーヴェンは弟たちに向かって、「子どもたちには「徳」を勧めなさい。それこそが幸福をもたらすのだ、お金ではない」と助言し、自分の経験を振り返って、自分を苦悩から救ってくれたのも徳であったことを教え諭すのである。

最後にベートーヴェンはリヒノフスキー侯爵からの贈り物である楽器を遺産として譲り渡すことを述べてから、死と対峙《たいじ》する決意を記して、最初の遺書を終えている。

この遺書を書いてから四日後の十月十日には、再びそれに追加するようなかたちで弟たちに別れを告げている。病状がよくなるという「その希望は、秋に木の葉が舞い落ちて、枯れていくかのように、失われ」たことを嘆いてから、「おお、神の摂理よ、歓びに満ちた日を一日だけでも私に見せてください」と願いつつも、その歓びの日を享受できるのはいつなのか、もう二度とないのか、「もうないとは、おお、それはあまりにも残酷だ」と結んでいる。

ロマン・ロランは『ベートーヴェンの生涯』を書き、このときのベートーヴェンの嘆きを「絶体絶命の呻《うめ》きである」*2と表現している。

ベートーヴェンの「ハイリゲンシュタットの遺書」は、それを読む人の心を揺り動かさずにはいない。それは「遺書」というよりも、芸術に生きる決意を表明したもので、どん底の中でも自分の使命である音楽に打ち込む決意をしている、その強い「情熱」に大きな感動を覚える。一度死を決意したベートーヴェンだが、最後は芸術に対する情熱がそれを打ち負かしたのである。そこがベートーヴェンの偉大なところであり、魅力である。この苦しみを超えて初めて、すばらしい作品がその後次々と生み出されていくのである。

第二節　交響曲の名曲誕生

交響曲第二番と第三番「英雄」と第四番

難聴に悩み始めた頃に生まれたのが、『交響曲第二番ニ長調』作品36である。この第二番は第一番に続いて着想されて、難聴の不安に悩みながらも一八〇二年に本格的に書き進められ、このハイリゲンシュタットで仕上げられたと思われる。そしてこの曲は翌年の一八〇三年四月五日にアン・デァ・ウィーン劇場でベートーヴェン自らの指揮で初演され、リヒノフスキー侯爵に献呈された。この曲は難聴に苦しみ、遺書まで書いたほどの音楽家の曲とは思えないほど快活で明るく、このような曲調を生み出したベートーヴェンには驚かされる。それでものどかな田園風景を思わせるような第二楽章の中には、苦悩がイメージされるような箇所もあることは確かである。苦悩あってこそ、のどかなのである。

難聴の苦しみを乗り越えて、次に生まれてきたのが、『交響曲第三番変ホ長調』作品55「英雄」である。ベートーヴェンはこの作品によって、先の二つの交響曲から一段と高く飛躍したと評価されよう。彼は一八〇三年の夏にはウィーンの南約二十五キロに位置するバーデンに療養に行き、そのあとウィーンの森との境界になっているデープリングで過ごしたが、この間に第三番の構想が出来上がったものと考えられている。英雄とはナポレオンのことで、この曲は当初ナポレオンに捧げられる予定であった。ベートーヴェンは「自由・平等・博愛」の精神を掲げたフランス革命時代を生き、当時フランスと国境を接したオーストリアにいたので、ナポレオンに対し大きな関心を持っていたのは明らかである。彼はナポレオンを人民の解放者としてたいへん尊敬していたのである。ナポレオンがもたらした新しい進歩的な共和思想はベートーヴェンを刺激したに違いない。そしてナポレオンがベートーヴェンを広い世界にまで導いたのである。「人間を解放する」ということを、ベートーヴェンの個人的なことに置き換えてみると、耳の病気から救われ自由になることである。ベートーヴェンが「ハイリゲンシュタットの遺書」の中に書き示した、その解決法としての芸術への情熱と献身は、ナポレオンからの精神的影響によって個人的なレベルから人類的な規模にまで発展するのである。つまり、耳の病気とナポレオンがベートーヴェンをヒューマニストにしたと言ってもよいであろう。

ところが、ナポレオンは一八〇四年五月二十日に皇帝の座に就いた。この知らせを伝え聞くと、ベートーヴェンは「あの男もつまりは俗人《ぞくじん》だったのだ。自分の野心を満たすため、民衆の権利を踏みにじった」と怒り叫んで、「ナポレオン・ボナパルト」と記入してあった表紙を破り棄て、献呈を中止したという話は、有名である。[*3]

この作品は、献呈先のロプコヴィッツ侯爵の邸宅でひとまず一八〇四年十二月に演奏されたあと、翌〇五年四月七日にアン・デァ・ウィーン劇場で初演された。あらゆる意味でこれまでの交響曲を凌《りょう》駕《が》する交響曲である。とりわけ第二楽章「葬送行進曲」はもの悲しい情感にあふれた印象深い楽章であり、また第四楽章ではその前に書かれたバレエ音楽『プロメテウスの創造物』作品43の終曲のテーマ[*4]を変奏して作り上げており、天界から火を盗んで人間に恵みをもたらしたギリシア神話の英雄プロメテウスとの精神的つながりも感じられる壮大な交響曲である。この「英雄交響曲」が皇帝ナポレオンに献呈されなかったのは、幸いだったと言うべきではないか。もし捧げられていれば、「エロイカ（英雄）」の解釈が狭められてしまう。「英雄」とは戦場で手柄を立てた人ではなく、心に人間としての豊かさを持った英雄であり、精神的な偉大さを表す勇壮な普遍的な人間のことなのである。

この男性的で勇壮な第三「エロイカ」交響曲のあと、一八〇六年秋に優美な情緒を感じさせる『交響曲第四番変ロ長調』作品60が完成し、初演は〇七年三月にロプコヴィッツ侯爵の邸宅で行われた。そしてこの作品はベートーヴェンがロプコヴィッツ侯爵とともに上シレジア地方のその居城を訪れたことのある、オッペルスドルフ伯爵に献呈された。この交響曲に流れる柔和なロマン的な感情は、その頃ヨゼフィーネ・フォン・ダイム伯爵未亡人あるいはその姉テレーゼ・ブルンスヴィック伯爵令嬢との恋愛が高潮していたことが影響しているとも言われている。[*5] 第三交響曲と次の同じく男性的な第五交響曲の間にあって、美しく歌うこの交響曲第四番を、シューマンは「ノルウェーの二巨人に囲まれたギリシアのかよわい乙女」に喩えている。[*6]

交響曲第五番「運命」と第六番「田園」

このあとに続くのが、『交響曲第五番ハ短調』作品67「運命」と『第六番ヘ長調』作品68「田園」であり、この二曲は同じ頃に書き進められて、一八〇八年十二月二十二日にアン・デア・ウィーン劇場でベートーヴェン自身の指揮のもとで同時に初演された。二作品はともにロプコヴィッツ侯爵とラズモフスキー伯爵の二人に捧げられた。

第五交響曲のスケッチは一八〇〇年頃から見られるので、第三交響曲完成直後に着想されたものの、慎重に作曲されたものと考えられる。第一楽章冒頭の有名な主題について秘書のアントン・シンドラー（一七九五〜一八六四）が尋ねたとき、ベートーヴェンは「運命はかく扉を叩く」と答えたので、この交響曲は「運命交響曲」とも呼ばれるようになった。[*7] そしてその「運命」の動機は各楽章に姿を変えて現れて、全体を統一し、緊密な構成を見せている。すなわち、第一楽章は運命との激しい闘争、第二楽章は闘争のあとの慰め、第三楽章は運命の最後の攻撃とその克服、第四楽章は運命を征服したあとの凱歌というような印象を与えており、全体が緊密なすばらしい構成を見せているのである。[*8]「運命を切り拓く人間」という意志にあふれた人生観が作品全体にわたって染み渡っていて、「プロメテウス」と「エロイカ（英雄）」から発展してきたベートーヴェンの人間解放の英雄的精神は、この第五交響曲「運命」において頂点に達したのである。

これとまったく対照的なのが『交響曲第六番ヘ長調』作品68「田園」で、一八〇八年、当時夏にしばしば滞在していたハイリゲンシュタットで完成した。ベートーヴェンの交響曲の中で唯一全体が五楽章から構成されているが、通常第三楽章から第五楽章まで切れ目なく演奏される。「田園」という標題も「エロイカ（英雄）」と同じようにベートーヴェン自身によってつけられたもので、さらにこの交響曲では第一楽章「田舎へ着いたときの快活な感情の目覚め」、第二楽章「小川のほとりの光景」、第三楽章「田舎の人々の楽しい集い」、第四楽章「雷雨、嵐」、そして第五楽章「嵐のあとの喜びと感謝にあふれた感情」とそれぞれ標題がつけられている。ベートーヴェンにとって自然は心に安らぎをもたらしてくれるものであったろう。人間のいる社会の中では常に耳のことを気にしなければならなかったが、自然の中ではその必要はなく、自由に振る舞えたからである。そうした自然の中で得たいろいろな気分や感情をベートーヴェンは、「田園」交響曲として表現したのであろうとして、諸井三郎はこの作品について的確に次のように解説している。

おそらく彼（ベートーヴェン）は、人間の社会において得られない美しい調和と秩序とを、自然の中に見出し、これに触れることによって、限りない慰めと美しさとを感じていたのであろう。すなわち、自然は無機的なものではなく、生命を持ったもの、あるいは、偉大な生命の表現として感じられたのであろう。したがって、自然と芸術との間には、共通する多くのものを感じていたことと考えられる。このような意味から、第六交響曲もまた、彼のヒューマニズムの表現の一形体として受け取られるのである。[*9]

『第五番』は難聴を乗り越え、それに打ち勝った内面的情熱と力、魂の奥底から叫ばれる人間精神の解放を感じ取ることができる。対して人間社会において思うように調和と秩序が得られないベートーヴェンは、『第六番』の中で田園の喜びを見出したのであり、両者はまったく性格の異なる対照的なものであるように見えながら、「人間精神の解放」という点では共通したものがあるのである。

なお、『第五番』と『第六番』は、すでに述べたとおり、一八〇八年十二月に同時にアン・

デァ・ウィーン劇場で初演されたが、この演奏会では『ピアノ、合唱、オーケストラのための幻想曲（合唱幻想曲）』作品80も初演された。この曲は歌曲『愛されない男のため息と愛のお返し』WoO 118（一七九五年）とよく似たメロディを含んでおり、のちの『第九』の「歓喜の歌」（一八二四年）につながっていく一段階前の作品であると言える。[*10] この頃からすでに「歓喜の歌」のシンプルなメロディはベートーヴェンの中に芽生え始めていたのである。

第三節　ピアノ曲の数々の名曲誕生

ピアノ・ソナタ

難聴の兆しを自覚し、「ハイリゲンシュタットの遺書」を書くことによって芸術家としての使命に目覚めてからのベートーヴェンの作品には一段と磨きがかかっている。それは交響曲に限らず、ピアノ・ソナタおよびピアノ協奏曲についても言えることである。

ボン時代にブロイニング邸で知り合いとなったワルトシュタイン伯爵には、すでに述べたように、『ピアノ・ソナタ第二十一番ハ長調』作品53を献呈した。

この作品は一八〇三年から翌〇四年にかけて作曲され、一八〇五年に出版して「ワルトシュ

図3　ルドルフ大公

タイン」と命名されて献呈されたものである。この頃から五、六年間はとりわけベートーヴェンのすばらしい飛躍の時期にあたり、ピアノ・ソナタで言えば、『第二十二番ヘ長調』作品54（一八〇四年）、『第二十三番ヘ短調』作品57「熱情」（一八〇四〜〇五年）、『第二十四番嬰ヘ長調』作品78（一八〇九年、テレーゼ・ブルンスヴィックに献呈）、『第二十五番ト長調』作品79（一八〇九年）があり、次の『第二十六番変ホ長調』作品81「告別」は一八〇九年から翌一〇年にかけて作曲されたもので、ルドルフ大公に献呈されている（図3）。

ルドルフ大公はオーストリア皇帝フランツ一世の弟であり、ベートーヴェンが一八〇四年頃から唯一作曲の弟子とした人である。この第二十六番「告別」は、ナポレオン軍が一八〇九年にオーストリアに侵入し、ルドルフ大公がウィーンから逃れたときのことを曲にしたもので、第一楽章は「告別」、第二楽章は「不在」、第三楽章は「再会」という標題をつけている。ルドルフ大公はフランス軍が引き上げたのち、翌年一月にウィーンに戻ってきている。ベートーヴェンにとっては重要な存在であり、その後も『ピアノ協奏曲第五番変ホ長調』作品73「皇帝」

をはじめとする数々の名曲を献呈する人物である。いずれにしてもこの頃のピアノ・ソナタは現在でもよく演奏される名曲揃いである。

ピアノ協奏曲とピアノ三重奏曲

ピアノ協奏曲についても、『第三番ハ短調』作品37が一八〇〇〜〇三年に作曲され、一八〇三年四月五日にアン・デァ・ウィーン劇場でベートーヴェン自身の独奏によって初演された。この作品はプロイセンのフリードリヒ大王の甥ルイ・フェルディナント王子に献呈された。次の『第四番ト長調』作品58は一八〇五〜〇六年に作曲され、一八〇七年三月にロプコヴィッツ侯爵の私邸で試演されたのち、翌〇八年十二月二十二日にアン・デァ・ウィーン劇場でベートーヴェン自身の独奏で初演されてルドルフ大公に献呈された。最後の『ピアノ協奏曲第五番変ホ長調』作品73も一八〇九年に作曲され、一八一一年十一月二十八日にライプツィヒのゲヴァントハウスでヨハン・フリードリヒ・シュナイダーの独奏によって初演された。この作品はのちに特別に「皇帝」と呼ばれて、ベートーヴェンの五つのピアノ協奏曲の中でも最も多く演奏される名曲であるが、オーストリア皇帝やその他の国の皇帝と関係ある名称ではなく、曲そのものが堂々としていて豪壮であり、威風があり、ピアノ協奏曲の中でも「皇帝」のような地位を占める作品であるので、そのように呼ばれている。聴けば分かるように、最も雄大であり、規模も大きくて堂々としており、色彩も華やかで、まさに音楽の「皇帝」にふさわしい作品である。この作品もルドルフ大公に献呈された。

また一八〇八年には『二つのピアノ三重奏曲』作品70（第五番ニ長調「幽霊」と第六番変ホ長調）が作曲され、エルデーディ伯爵夫人マリーに献呈された。さらに一八一一年には『ピアノ三重奏曲第七番変ロ長調』作品97「大公」も作曲され、一八一四年四月十一日にウィーンで初演されて、のちにルドルフ大公に献呈されたことを付け加えておこう。

第四節　ヴァイオリン曲と弦楽四重奏曲

ヴァイオリン・ソナタ

この頃にはピアノ曲だけではなく、ヴァイオリンの名曲も生まれている。まず一八〇二〜〇三年に『ヴァイオリン・ソナタ第九番イ長調』作品47「クロイツェル」が作曲され、一八〇三年五月二十四日にウィーンのアウガルテンにおいてイギリス国籍の名ヴァイオリニストであるジョージ・ブリッジタワー（一七七九〜一八六〇）とベートーヴェン自身のピアノによって初演された。ところが、この曲は初演後、当初献呈予定だったブリッジタワーにではなく、フランスの名ヴァイオリニストのロドルフ・クロイツェル（一七六六〜一八三一）に献呈されたので、

「クロイツェル」ソナタと呼ばれている。

ヴァイオリン協奏曲

ベートーヴェンのヴァイオリン協奏曲は生涯で一曲しかないが、名曲中の名曲とも言うべき『ヴァイオリン協奏曲ニ長調』作品61は一八〇六年に作曲され、同年十二月二十三日にアン・デァ・ウィーン劇場でコンサートマスターでもあったフランツ・クレメントの独奏により初演された。この作品はそのクレメントではなく、ボン時代からの親友であるシュテファン・フォン・ブロイニングに一八〇八年に献呈された。シュテファンは一七九五年暮れから翌九六年十月まで一時ウィーンに滞在したのち、一八〇三年からオーストリア軍務省の職員に抜擢されて再びウィーンに来ていて、ベートーヴェンと親交を深めていた人物である。あるときには一緒に住んでいて、ちょっとしたことから喧嘩をしたこともあるが、仲直りして付き合いを続けていた。シュテファンは一八〇八年に優れたピアニストのユーリエと結婚し、そのときベートーヴェンはシュテファンにヴァイオリン協奏曲を献呈するとともに、新妻のユーリエには同作品のピアノ編曲版（ピアノ協奏曲ニ長調作品61 a）を贈って、二人の結婚を祝ったのである。ベートーヴェンの心のこもった贈り物である。これ以上すばらしい贈り物がありえようか。しかし、ユーリエは結婚して一年も経たずして他界した。シュテファンは一八一二年にコンスタンツェ・ルショヴィッツと再婚し、翌年八月に息子ゲルハルトが生まれているが、この息子ゲルハルトはベートーヴェンの晩年に「心の癒やし」となる人物である。ボンのブロイニング家で培った友情は、ベートーヴェンの晩年まで続くのであり、ベートーヴェンは決して「孤独な音楽家」ではなく、無二の親友に囲まれた幸せな人物であったと捉えてもよいのではあるまいか。

弦楽四重奏曲

弦楽四重奏曲についても、「ハイリゲンシュタットの遺書」後の十年間にはいくつかの名曲が作られている。まず一八〇五〜〇六年に『三つの弦楽四重奏曲』作品59（第七番ヘ長調、第八番ホ短調、第九番ハ長調）が作曲され、ラズモフスキー伯爵に献呈された。そのためこの三作品は「ラズモフスキー」と呼ばれている。ラズモフスキー伯爵はロシアからのウィーン駐在大使で、カール・リヒノフスキー侯爵とは義理の兄弟であった人物である。伯爵邸には弦楽四重奏団があって、第一ヴァイオリンに有名なシュパンツィヒ、ヴィオラにヴァイス、チェロにリンケという名人を揃えていて、伯爵自身が第二ヴァイオリンを務めたのである。また一八〇九年には比較的小規模な『第十番変ホ長調』作品74「ハープ」が作曲され、ロプコヴィッツ侯爵に献呈された。なお、「ハープ」という呼び名は随所にピッツィカートが現れていることに由来する。さらに一八一〇年には『第十一番ヘ短調』作品95「セリオーソ」が作曲され、ハンガリー生まれのチェロ奏者で生涯の親友となったズメスカル男爵（一七五九〜一八三三）に献呈された。この「セリオーソ」とは「まじめな、厳格な」という意味であり、ベートーヴェン自身がつけたと言われている。弦楽四重奏曲はこのあと十数年間は書かれていないことを付記しておこう。

以上のとおり、「ハイリゲンシュタットの遺書」を書いたあとの十年間には、名曲の数々が生み出されていることが、よく分かるであろう。当時のベートーヴェンの脳裏には次から次へと楽想が浮かんできていたのであろう。ベートーヴェンはゲーリングという人物にあてた手紙*11の中で、「なぜ私は作曲するのか？——私が心の中に持っているものが、外へ出なければならないのだ。私が作曲するのはそのためである」と書いている。ベートーヴェンの作曲とは、そのように自分の脳裏に浮かんできたものが必然的に外へ現れ出たものだったのである。「苦悩」を創作のエネルギーに代えて、数々の名曲を作り出していっているところに、ベートーヴェンの言い知れぬ魅力がある。やがてこの「苦悩」から「歓喜の歌」が芽生えてくるのである。

第四章　「不滅の恋人」への手紙

第一節　ボヘミアのテプリッツへの旅行

第一回目の旅行——交響曲第七番

こうして一八〇二年に「ハイリゲンシュタットの遺書」を書いてからは、とりわけ数々の名曲が生み出されていくとともに、『第九』の「歓喜の歌」が芽生え始めるのであるが、その頃、ベートーヴェンは毎年夏になると、田舎に家を借りて、そこで創作に打ち込むのを習慣としていた。行き先はたいていウィーンから半日か一日で往復できるほどのハイリゲンシュタットやバーデンという近い所であった。ところが一八一一年と一二年の夏にはボヘミアのテプリッツに出かけている。そこはヨーロッパの王侯貴族などの保養地として好まれている温泉地であり、ウィーンから馬車を乗り継いで数日もかかる所だった。ベートーヴェンはなぜそのような遠隔地へ出かけたのか。このボヘミア旅行はベートーヴェンの生涯の中でも注目されるものである。

ベートーヴェンはまず一八一一年の最初のボヘミア旅行では七月下旬にウィーンを出発して、八月上旬にテプリッツに着いている。その近くの温泉地カールスバートで以前からベッティーナ・ブレンターノを介して興味を抱いていたゲーテに会おうと思ったが、その年にはゲーテは早々と居住地ワイマールへ帰っていたので、その願いは叶わなかった。ただベートーヴェンはそこに約二ヵ月滞在している間に、『交響曲第七番イ長調』作品92を書き進めており、この曲は翌一二年五月に完成し、一三年四月二十日にウィーンのルドルフ大公邸で試演され、同年十二月八日にウィーン大学での戦争傷病兵のための慈善音楽会で初演された。そしてモーリッツ・フォン・フリース伯爵に捧げられた。この作品の躍動感にあふれたリズムは、のちにワーグナーが「舞踏の聖化」と名づけて称賛したほどであり、各楽章ともそれぞれ特徴的なリズムで統一されていて、全体的に躍動感にあふれた作品である。[*1] このような躍動感にあふれたリズムは、まさにこの頃、ベートーヴェンが「不滅の恋人」アントーニア・ブレンターノと恋愛関係にあったことも関係していると思われる。それについては後述する。いずれにしてもこの作品は、第三、第五、第六交響曲の後ろに隠れたような存在であるが、ベートーヴェンの「隠れた名曲」と評してもよい作品である。

第二回目の旅行——交響曲第八番

そのボヘミアのテプリッツには翌年の一八一二年七月にもベートーヴェンは出かけている。詳細は後述するが、このときはゲーテと会うことも叶った。出かける前に着手していた『交響曲第八番ヘ長調』作品93の作曲もそこで着々と進み、ウィーンからリンツに引っ越して薬局を開業していた弟ヨハンの家を十月に訪れてから、そこで大部分を仕上げ、ウィーンに帰ってからその曲を完成させた。すでに述べたように、テプリッツではアマーリエ・ゼーバルトと一段と親しくなっているので、この交響曲が明るくて朗らかなのは、その影響もあるのかもしれない。第二楽章のリズムを刻むような主題は、メトロノームの音からヒントを得たとも言われている。また第三楽章にはボヘミアでの思い出としてポスト・ホルン（郵便馬車の鳴らすホルン）の響きも取り入れられている。これはこのあと述べる「不滅の恋人」アントーニアとの思い出でもある。全体的に古典に回帰したような交響曲で、ベートーヴェンとしては珍しいメヌエットを伴う典雅で美しい作品である。一八一三年四月二十日にウィーンのルドルフ大公邸で第七番とともに試演されたのち、翌一四年二月二十七日にホーフブルク宮殿のレドゥーテンザールで初演された。これは誰にも献呈されていない交響曲である。

第二節　「不滅の恋人」への手紙

手紙に書かれていたこと

この二回目の一八一二年のボヘミア旅行で何よりも注目したいのは、この旅の期間中にあの有名な「不滅の恋人」にあてて手紙を書いていることである。その手紙は投函されなかったのか、あるいは本人から返却されたのかは分からないが、ベートーヴェンが亡くなった翌日に発見されたものである。本書の巻末に付録2としてその全訳[*2]を掲載しておくが、以下ではその手紙の内容を要約しておこう。

「私の天使、私のすべて、私の分身。——今日はほんの二、三の言葉を書くことにしよう。しかもお前の鉛筆で」という呼びかけで始まり、「七月六日朝」と「七月六日月曜日夜」と「おはよう、七月七日」の三回に分けて書かれており、全部で十枚から成る手紙である（図1）。

一枚目には「我々の愛は犠牲を払い、何をも要求しないことでしか、成立しえないものだろうか」という言葉があり、二枚目には、馬車でここまで来るのも、恐ろしくて大変だったことなどが書き記している。七枚目には「ああ、神よ、こんなに近くで！こんなに遠い！我々の愛は本当の天上の建造物ではないだろうか——しかも強いのだ、天上の城のように——」

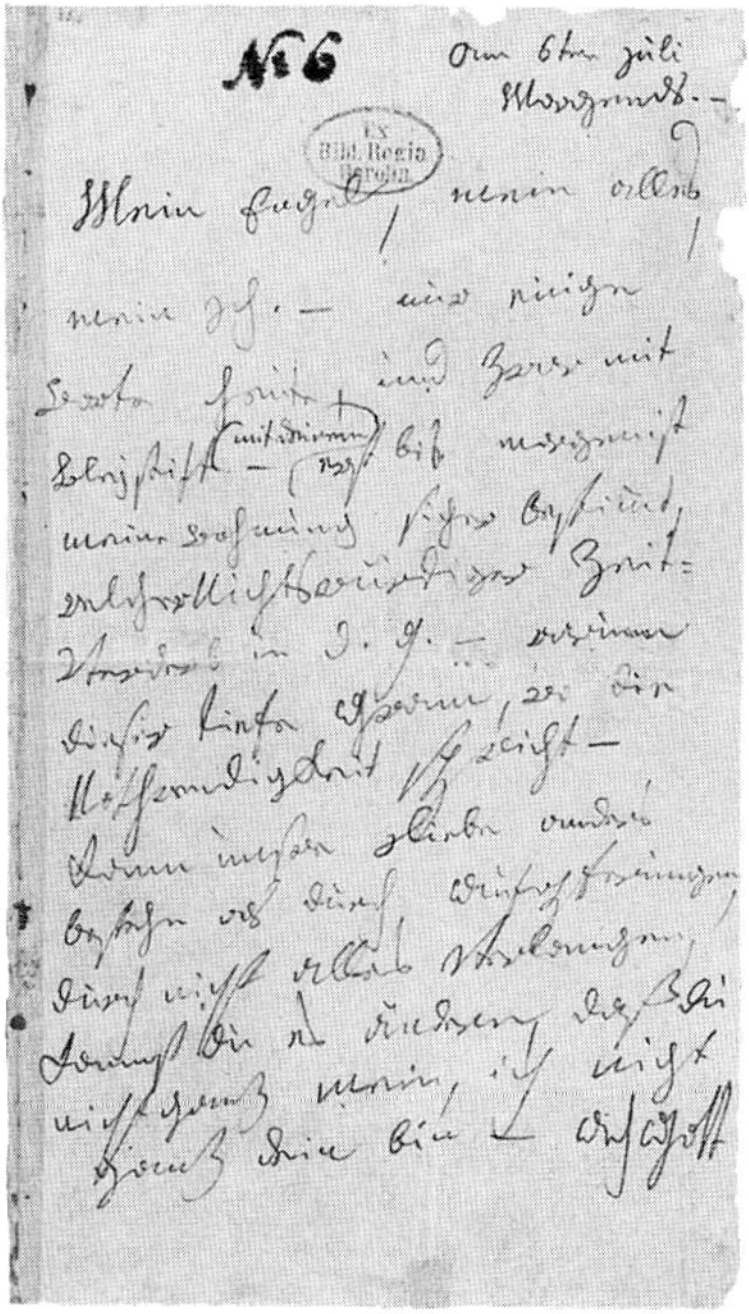

図1　「不滅の恋人」への手紙。10枚のうちの1枚目

と、自分たちの愛の強さを強調している文言も読み取られる。ところが、八枚目には「私の心はほかの女性に占められることなどありえない。決して、決して、おお、神よ、愛している者同士、どうしてお互いに離れていなければならないのか。しかし、私のウィーンでの生活は今のところ惨めなものだ。――お前の愛が私を最も幸福にすると同時に、最も不幸にもするのだ」と、愛することの苦しみを吐露している。ベートーヴェンは不滅の恋人と一緒に暮らすことを願っていることが、この前後の文面から読み取られるが、それには「私たちの存在を落ち着いて観ることによってのみ」実現できると言いながら、不滅の恋人にも落ち着いて考えてくれるようにと頼んでいる。「落ち着いておくれ。――私を愛しておくれ。――今日も――昨日も――どのようなあこがれが涙とともにお前のもとに。――お前へ――お前へ――私の人生――私のすべて――ごきげんよう――おお、私をいつまでも愛し続けておくれ――間違って取ってくれるな、お前が愛する人の最も誠実な心を。永遠にお前のもの、永遠に私のもの、永遠に私たちのもの」という言葉で締め括られている。

「不滅の恋人」の探究

ベートーヴェンがこのような内容の手紙を書いた「不滅の恋人」とは、一体誰なのか。ベートーヴェンの死後、この手紙が発見されたとき、それとともに二人の肖像画が保管されていた。一人はジュリエッタ・グイッチャルディであったが、彼女は「不滅の恋人」ではなかったことはすでに述べた。するともう一人の肖像画の女性が「不滅の恋人」なのか（図2）。一体、この女性は誰なのか。このことについては長年さまざまな研究者によって探究がなされてきた。手掛かりとなるのは、一つには手紙の中に書かれている「七月六日月曜日」という日付であるが、これに合致するのは一七九五年、一八〇一年、一八〇七年、一八一二年、そして一八一八年である。もう一つの手掛かりは「私のこの歳では」というベートーヴェンの言葉と「K」という頭文字で書かれた地名である。これらを手掛かりにしてさまざまな研究がなされてきたのである。ここで簡単にその探究の歴史をまとめておこう。[*3]

図2　手紙とともに発見された「不滅の恋人」と思われる女性の肖像画

まずこの問題を最初に取り上げたのは、ヴァイオリン奏者で秘書のアントン・シンドラーであり、彼は一八四〇年に『ベートーヴェン伝』を出版し、その中で「不滅の恋人」はジュリエッタ・グイッチャルディで、その手紙はベートーヴェンがハンガリーのある温泉地から彼女にあてて書いたものだとし、この説が長いこと信じられていた。

ところが、これに対してアレクサンダ

ー・ウィーロック・セイヤー（一八一七〜九七）は一八七二年に出版したベートーヴェンの伝記第二巻において、「不滅の恋人」はテレーゼ・ブルンスヴィックで、その手紙は一八〇六年に書かれたものであるとした。しかし、のちに一八〇一年に書かれたと訂正している。

　この二つの説が二十世紀半ば近くになるまで主流をなしていたが、両者の説には決め手が欠けていた。シンドラーは最初はベートーヴェンがジュリエッタ・グイッチャルディに手紙を書いたのは一八〇六年としていたが、彼女は一八〇三年にはガルレンベルク伯爵と結婚していたことに気づいて、一八六〇年の第三版で一八〇一年に訂正した。ところが、一八〇一年の手紙だとすると、彼女は十六歳半のときとなり、あまりにも若すぎるような気がする。一方、セイヤーの一八〇六年説だと、「不滅の恋人」にあてて手紙が書かれた七月六日は日曜日ということになり、手紙に書き込まれた「月曜日」ではないことになる。セイヤーはそれを知っていながら、ベートーヴェンが日付を間違えて書いたという前提の下で自らの説を立てたのである。

　テレーゼ・ブルンスヴィック説を唱えた研究者の中でも、ラ・マラ（生没年不詳）はセイヤーの一八〇六年説には反対を唱えた。ラ・マラは一九〇九年にテレーゼの手記を発表した人であり、一八〇六年にはテレーゼは「K」に始まる土地にはいなかったとして、ボヘミアのカールスバートにいたことが証明される一八〇七年説を唱えた。しかし、一八〇七年だとすると、ベートーヴェンはカールスバートに行った形跡はなく、また「K」はブルンスヴィック家の本家があるハンガリーの「コロンパ」との可能性があるものの、ベートーヴェンはそこへ行ったことがないので、一八〇七年説は結局のところ成り立たなくなる。ちなみに、ラ・マラはずっとのちの一九二〇年には『ベートーヴェンとブルンスヴィック家の人々』の中で「不滅の恋人」はテレーゼの妹ヨゼフィーネかもしれないという新しい説を立てている。

テレーゼ・ブルンスヴィック説の主張者にはマックス・ウンガー（一八八三～一九五九）もいるが、彼は一九一一年の『ベートーヴェンの不滅の恋人を追究して』の中で一八一二年説を打ち立て、ベートーヴェンはカールスバートにいるテレーゼ・ブルンスヴィックにあててテプリッツから書いたと主張した。彼はこの説にきわめて細かい裏付けも行っており、かなり細かい点まで証明することに成功している。

このウンガーによる一八一二年のテプリッツ説にさらに有力な証拠固めをしているのがロマン・ロラン（一八六六～一九四四）である。ロランの死後、親友ルネ・アルコスとロラン未亡人との編著によって一九四九年に出版された『ベートーヴェンの恋人たち』の中で、ロマン・ロランはエスターハージ侯爵の旅行日程をその証拠に挙げているのだが、しかし、手紙の相手がテレーゼ・ブルンスヴィックであると、はっきりとは言い切っておらず、慎重な態度をとっている。

このほかにもトーマス・サン＝ガリ（生没年不詳）は、一九〇九年の著書『ベートーヴェンの不滅の恋人アマーリエ・ゼーバルト』の中で一八一二年説をとって、相手はアマーリエ・ゼーバルトだとしている。

図3　アントーニア・ブレンターノ

このように一八一二年説は定着した感があるが、その後一九五四年にジークムント・カズネルソン（生没年不詳）は『ベートーヴェンの遥かな恋人』を出版して、センセーションを巻き起こした。この著書は四百ページにも及ぶ大著であるが、彼はその中で一八一二年説の土台の上に、ヨゼフィーネ・ブルンスヴィック（ヨゼフィーネ・ダイム伯爵夫人）恋人説を打ち出したどころか、翌一三年に彼女が出産した娘ミノナはベートーヴェンの子どもだという説を立てたのである。ベートーヴェンがヨゼフィーネにあてた十三通の手紙が一九四九年に発見されて、二人が親密な関係にあったことは確かであるが、それにしても娘ミノナをベートーヴェンの子どもとしたことは、大胆な説であった。

その後、一九七二年にメイナード・ソロモン（一九三〇〜　）によって大実業家フランツ・ブレンターノの妻アントーニアという女性がクローズアップされ、アントーニアが「不滅の恋人」であると唱えられるようになり、わが国の青木やよひはこの「不滅の恋人」をめぐって長年研究を重ね、自らボヘミア地方に何度も調査に出かけて、アントーニア・ブレンターノであるという説を明確に打ち出した。青木やよひの綿密な調査によって、アントーニアの足取りが裏付けられて、「不滅の恋人」とはアントーニア・ブレンターノ（一七八〇～一八六九）であったとする説が、現在では通説となっている（図3）。そのアントーニア・ブレンターノとはどういう女性なのか。以下においては、青木やよひの研究[*4]を主に参照しながらまとめることにしよう。

第三節　「不滅の恋人」アントーニア・ブレンターノ

アントーニアの出自と少女時代

アントーニアの父ヨハン・メルヒオール・フォン・ビルケンシュトック伯爵（一七三八～一八〇九）は法律を学び、最初はオーストリア大使館の外交官としてヨーロッパ各地に派遣され、その後皇帝ヨーゼフ二世に認められて政府の高級官僚（現在で言えば文部科学大臣）となり、民主的な教育改革を実現した人物である。また貴重な美術品や書籍のコレクターとしても有名で、ウィーンの邸宅は美術館の倉庫のようだったとも言われている。

彼はシレジア地方のネフツェル家の令嬢と結婚して、二人の間に生まれたのがアントーニアである。アントーニアは二歳違いの兄とともにウィーン生まれだが、二人の弟と妹はいずれもフランクフルトで出生したのちまもなく死亡している。その頃、アントーニアはフランクフルトで両親とともに暮らしていたことになるが、八歳のとき母は三十三歳で亡くなり、ウィーンに埋葬されているので、その一七八八年五月前には一家でウィーンに戻ってきていたに違いない。母の死後、アントーニアは当時の貴族社会の風習に従ってプレスブルク（現ブラスチラヴァ）にあるウルスリーネ女子修道院附属の寄宿学校で七年間を過ごし、そこで抜群の成績を収めて、才能豊かな美しい乙女として一七九五年に十五歳でウィーンの実家に戻ってきたのである。

フランツ・ブレンターノとの結婚

その翌一七九六年、そのような美しいアントーニアを見初めたのが、たまたまフランクフルトからウィーンにやってきていたフランツ・ブレンターノであった。彼はイタリアの貴族出身の当主が一代で資産を築いたフランクフルトの大富豪の後継者であった。当時三十一歳で、芸術家気質とは無縁の実務家であったが、誠実な人柄の人物であった。放埒《ほうらつ》な貴族たちばかりを見てきたビルケンシュトック伯爵には、娘にとって好ましい求婚者に思えたようである。しかし、アントーニアはすぐには承諾しなかった。まもなくフランツはフランクフルトへ帰っていき、親族を通して縁談が熱心に進められたが、求婚から結婚までには足掛け二年の歳月がかかった。

修道院の寄宿学校を出たばかりのアントーニアは、実社会での経験にも乏しく、まだ自分の人生の方向性がつかめていなかったに違いなく、フランツの求婚にはためらいを覚えたが、ついに決心し、結婚式は一七九八年七月二十三日に行われて、ほどなくしてアントーニアはフランクフルトへ嫁いでいった。

ところが、十八歳になったばかりの新妻アントーニアにとってブレンターノ家は、あまりにも大きな家族であった。先代ペーター・アントンは六十二歳で前年に亡くなっていたが、彼は三度も結婚して、子どもは二十人もいた。その中には夭折《ようせつ》した者もいたし、結婚して外に出ていた者もいたが、アントーニアの姑《しゅうとめ》にあたる三人目の妻は当時はまだ二十代で、幼子の母であった。そのようなイタリア式の大家族の中でアントーニアの新婚生活は始まったのである。

修道院の静寂な環境の中で暮らしてきたアントーニアにとっては、耐えがたい生活に違いなかった。夫フランツは妻にライン河畔ヴィンケルの別荘に行くよう勧めてくれたが、その静寂な別荘での田舎暮らしがアントーニアには唯一の安らぎのひとときであった。しかし、夫フランツにはフランクフルトの生活が妻にとってどれほど大きなストレスになっていたかまでは察知できなかったようである。アントーニアは誰に頼ることもできない孤立無援の状況に追い込まれていった。

そのようなストレスの多い環境の中でアントーニアは、結婚一年後の一七九九年に最初の子どもを産むが、その子は翌年早々に亡くなっている。このことも彼女には大きなショックだったろう。その後、彼女は一八〇一年に第二子ゲオルクを、一八〇二年に第三子マクシミリアーネを、一八〇四年に第四子ヨゼファを、そして一八〇六年に第五子フランツィスカを出産している。慣れない環境の下で精神的にも苦しい上に、身体的にもかなりつらい日々だったのであろう。アントーニアが心身症の兆候を示し始めたのも、無理からぬことだったろう。五人目の子どもを出産した前後の一八〇五〜〇六年には、その兆しが見え始め、精神のバランスを崩してしまって、健康状態はあまりよくなかったという。

ウィーンの実家での生活

このような苦しい日々が続く中、一八〇九年の夏に父ビルケンシュトック伯爵が重病に倒れたという知らせを受けて、アントーニアは看病のためにウィーンの実家に帰った。アントーニアはそれを自分の人生の転機と受けとめたのかもしれない。そのまま三年間もウィーンの実家に滞在することとなるのである。

アントーニアはウィーンの実家に帰って二ヵ月半にわたって父の病床に付き添ったが、父は一八〇九年十月三十日に亡くなった。あとには広大な伯爵邸と、四十室を埋め尽くしたと言われる貴重な美術収集品や書籍などが残された。二歳上の兄フーゴー・コンラートは借金で身を持ち崩すような不良青年であったらしく、すでに父によって廃嫡《はいちゃく》されていたので、父の残した膨大な遺産は、すべてアントーニアが遺産相続人となって、引き取ることになった。アントーニアはそれらの一部を売りに出すことにして、その膨大な遺品の目録作成に取りかかった。夫フランツは、アントーニアの父の訃報を受けてウィーンに来ていたが、疲労困憊《こんぱい》しながらその目録作りに取り組む妻アントーニアを残して、フランクフルトに帰っていった。年が明けて、アントーニアが重病を患ったときにも、フランツはウィーンにやってこなかった。その後、三年間はブレンターノ夫妻はウィーンのビルケンシュトック邸で暮らしたことになっているが、実質は夫婦別居生活であったと推定される。離婚寸前までいっていたのではあるまいか。フランクフルトで仕事に熱中するフランツと、ウィーンで父亡きあと消耗しきった生活をするアントーニアとの間の距離は、ますます離れていくばかりであった。そのようなつらくて寂しい生活を送っているとき、アントーニアはベートーヴェンと知り合うのである。

ベートーヴェンとの付き合い

二人はどのようにして出会ったのか。そのきっかけを作ったのが、先に述べたフランツ・ブレンターノの異母妹ベッティーナ・ブレンターノである。

一八一〇年五月にベッティーナ・ブレンターノが、ウィーンのビルケンシュトック邸を訪れたことはすでに述べたが、そのとき姉夫婦にあたるカール・フォン・サヴィーニ夫妻も一緒だった。また長く不在にしていたフランツ・ブレンターノもその邸宅に来ていた。今後のことについて相談するために集まってきたのだと推測される。サヴィーニ夫妻とベッティーナの滞在は約一ヵ月の長きにわたったという。そしてそのときベッティーナがベートーヴェンを訪問して、二人の交流が始まったことについては、すでに述べた。

ベートーヴェンがベッティーナと知り合い、彼女に会いに来たのが、ビルケンシュトック邸、すなわち、フランツ・ブレンターノの妻アントーニアの実家だったのである。当初ベッティーナしか眼中になかったベートーヴェンが、ブレンターノ夫妻の関係をどのように見ていたのかは、分からない。

ただベッティーナと二人の同伴者がウィーンを去っていってから、ベートーヴェンはアントーニアが一人寂しく過ごしているのにやがて気づいたのであろう。アントーニアは一八一一年一月末頃から数週間も病臥して、まったく人にも会えない状態が続いた。遺産目録作りによる過労だったに違いない。そのようなときベートーヴェンがほとんど毎日やってきて、控えの間のピアノの前にすわり、彼女のためにしばらく慰めの音楽を弾き続け、終わるとまた来たときと同じように無言のまま、誰の目も気にすることなく帰っていった。かつてのヨゼフィーネとドロテーア・フォン・エルトマン男爵夫人の場合（第二章第三節）と同じ状況であるが、このアントーニアもまたベートーヴェンのピアノ演奏で大いに慰められたことは、容易に考えられる。そうしているうちに二人の間には通い合うものが生まれてきたのではないか。

第一回目のボヘミア旅行——歌曲『恋人へ』

その年一八一一年の夏、アントーニアは娘と従兄《いとこ》のアレクサンダー・ネフツェル男爵と一緒にボヘミアへ湯治旅行に出かけた。ベートーヴェンはこの夏はイタリアへ行くことを計画していたが、それを急遽《きゅうきょ》取りやめて、アントーニア一行とは日程をずらしてボヘミアへ出かけた。この時点でベートーヴェンの方ではアントーニアを友人以上の存在として強く意識していたのではないか。そして彼の内でははじけるような喜びのリズムが芽生えており、それは第七交響曲の「躍動したリズム」となっていくのである。

この年のベートーヴェンの足取りについて青木やよひは、実際にボヘミアへ出かけるなどして、その詳細を突き止めている。

その青木やよひの研究[*5]によると、ベートーヴェンは一八一一年七月三十一日にウィーンを出発して、八月四日にボヘミアのテプリッツに着いている。九月十八日までそこにいて、十月初めにウィーンに帰ってきたことになっているが、その間、シレジア地方のグレーツ（現ラデッツ）にあるリヒノフスキー邸に三週間ほど滞在していたことを突き止めている。シレジア地方はアントーニア・ブレンターノの母方の出身地でもあり、この年の夏にアントーニアはボヘミア湯治旅行に出かけていることはすでに述べたが、その際ベートーヴェンはその一行とどこかで落ち合い、テプリッツからウィーンに帰る際にシレジアに寄ったということが考えられるというのである。ボヘミアへの湯治旅行に同伴したアントーニアの従兄アレクサンダー・ネフツェル男爵はそこの住人だったのである。そういうことを考慮に入れると、シレジア地方へ行ったことは、大いにありうることである。

そのシレジア旅行のあとには、ベートーヴェンはヨーゼフ・ルートヴィヒ・シュトールの詩による歌曲『恋人へ（An die Geliebte）』WoO 140を作曲しており、その手稿譜（第一バージョン）が翌一八一二年の三月二日にアントーニアに贈られている。シュトールの詩の邦訳は次のとおりである。

おお、あなたの目からひそかに　　愛に満ちて輝きながら頬を伝わって
流れる涙を僕は吸い取ろう　　涙が大地に吸い取られないうちに
涙がためらいがちに頬にとどまり　　誠実な心に熱く一身を捧げるとき
今や僕はその涙を口づけで受けとめよう　　そうすればあなたの悩みもまた僕のもの

このシュトールの詩はそのときのベートーヴェンの胸の内を如実に表現したものと推定される。このような詩に曲をつけてベートーヴェンがひそかに涙を流して暮らすアントーニアに贈った頃、ベートーヴェンと彼女との間には心に通い合うものがあったのではないか。特に独身

のベートーヴェンにとっては美しいアントーニアへの愛が募っていったのであろう。とりわけこの歌曲を贈った頃から、ベートーヴェンとアントーニアとの仲は急速に深くなっていったと推測される。

ボヘミアに二度目の滞在――「不滅の恋人」にあてた手紙

そこで一八一二年の夏となって、ベートーヴェンは再びボヘミア旅行に出かけるのである。ベートーヴェンは六月二十九日にウィーンを発ち、途中プラハで二泊して年金契約を交わしているキンスキー侯宮殿を訪ね、年金問題の交渉をしたあと、七月五日早朝にテプリッツに着いている。ここで翌朝、あの「不滅の恋人」にあてた手紙を書くのである。その手紙の中に書かれている「K」という町は、カルロヴィヴァリ（ドイツ語でカールスバート）に違いない。そこに「不滅の恋人」がいるのであるが、郵便馬車は週に二回しか出ない。その手紙は結局ベートーヴェンのもとに残ることになる（どういう経緯でそうなったのかは分からない）が、ベートーヴェンは遅くとも七月二十六日にはカールスバートへ出かけ、八月七日までそこに滞在していたことが記録されている。また同じ宿には七月五日以来、ウィーンからの来客フランツ・ブレンターノおよびその妻アントーニアが子どもを伴って滞在していたことになっている。そして八月七日はベートーヴェンはブレンターノの家族と一緒にフランツェンスバートへ行った。そこでアントーニアとの離婚問題について皆で話し合ったのではあるまいか。八月八日にはその同じ旅館に湯治客として記録されているという。約一ヵ月後にベートーヴェンはテプリッツに戻り、九月八日にはカールスバートでゲーテと会い（これについてはあとで詳しく述べる）、遅くとも十六日にはまたテプリッツに戻って、月末までとどまった。ところが、九月二十九日にテプリッツを発ったベートーヴェンは、直接ウィーンには帰っていない。あとの日記などから、ベートーヴェンはテプリッツからプラハを経てリンツへ行き、そこで薬局を経営していた弟ヨハンのもとにしばらくいて、ウィーンに戻ったのは十一月八日になってからだと言われている。

不滅の恋人アントーニアとの仲はどこまで進んでいたのか。ベートーヴェンはアントーニアと一緒に暮らせると思っていたのか。心の片隅ではひょっとしたら自分は彼女と一緒に暮らせると思っていたのかもしれない。第八交響曲第三楽章には、先にも述べたように、アントーニアとボヘミアで過ごした思い出としてポスト・ホルンの音が使われている。

愛の破綻

ところが、このボヘミアへの旅行からウィーンに戻ってきて、ベートーヴェンは一八一二年から『日記』[*6]を書き始めているが、その日記の冒頭（日記1）は「不滅の恋人」との愛の破局と見られるような文面となっている。

お前は自分のための人間であってはならぬ、ひたすら他者のためだけに。お前にとって幸福は、お前自身の中、お前の芸術の中でしか得られないのだ――おお、神よ！　自分に打ち克つ力を与え給え、もはや私には、自分をつなぎとめる何ものもあってはならないのだ。
――こうしてAとのことは、すべて崩壊に至る。（一八一二年　日付は書き込まれていない）

この日記の中のAとは、アントーニアのことに違いなく、彼女との愛が破局を迎えたことをこの日記の中に読み取ることができる。
そのすぐあとの一八一三年五月十三日の日記3では、さらに「不滅の恋人」との愛の終焉と、ベートーヴェンが長い間延ばしてきた結婚計画の崩壊を明らかに表していると言えよう。

おお、なんとひどい状況、家庭生活に対する私の思いは押し殺さずに、その実現を阻むとは、おお神よ、神よ、不幸なBにお目を注がれ、もうこんなことが続かぬようになし給え。

夢に描いていたアントーニアとの結婚生活の計画が破綻したことを表していることは、確かであり、ベートーヴェンの恋はまたもやいつものように実らなかった。ブレンターノ夫妻は元の鞘《さや》に収まることになったと推定される。文中の不幸なB、つまり、ベートーヴェンは結婚にあこがれながらも、ついに恋を成就させることはできなかったのである。これまでは身分の違いが障害となっていたが、アントーニアの場合にはそれがクリアされるとベートーヴェンは思っていたのかもしれない。しかし、今回はブレンターノ夫妻がもう一度やり直すことになったことから、またもやベートーヴェンの夢は実現しなかった。その頃、アントーニアは夫との間の第六子を身ごもっていたのであろう。子どもたちが「かすがい」となって、元の鞘に収まったのかもしれない。こうしてベートーヴェンの愛はまたもや報われぬ「運命」にあったのである。

アントーニアとの愛もこのように実らなかったが、しかし、ベートーヴェンはこのとき「愛の破綻」がきっかけで書き始めた『日記』の中にさまざまな思いを書き記すことによって、最後には一つの境地に達したのではあるまいか。それまでひたすら自らが思い描いていた「家庭生活」が今では必ずしも人生最高の幸せとは限らない。自分の幸せではなく、相手の女性の幸福を願うことこそが「愛することである」という、一種の諦念の境地である。この諦念の境地は『日記』を書き始めることによってさらに強められることになるのである。その『日記』の詳細については次の第五章で述べる。

第四節　ゲーテとの出会い

感受性の強い青春時代

　以上のように見てくると、一八一二年のボヘミア旅行は「不滅の恋人」との関係でベートーヴェンの生涯においては特別な意味を持つものであったが、そのほかにこのボヘミア旅行で重要なことは、ドイツの文豪ヨハン・ヴォルフガング・フォン・ゲーテ（Johann Wolfgang von Goethe 一七四九〜一八三二、図4）に出会っていることである。

図4　ゲーテ

　一七四九年生まれのゲーテはそのとき六十三歳で、すでにたくさんの文学作品を出版してドイツの文豪の中でも有名な存在であったが、それだけではなく当時ワイマール公国のカール・アウグスト公に招聘《しょうへい》されて、そこの枢密《すうみつ》顧問官をも務めていた人物であった。

　一方、ベートーヴェンはゲーテに出会ったとき四十二歳であったが、このゲーテの作品にはボンでの少年時代から触れていたことは、すでに述べたとおりである。その後、ウィーンへ出てからもベートーヴェンは、「その内容だけではなく、そのリズムゆえに自分を魅了する」ゲーテのさまざまな詩に曲をつけていた。当時はベートーヴェンも楽聖と称される存在であった。

当時の二人はそれぞれの分野で名を馳《は》せていた巨匠であるが、かつてはともに並外れて高い感受性を持つ若者であった。フランクフルトで生まれたゲーテは、十六歳のときライプツィヒ大学に行くことになるが、翌年、その地のビアホールの娘ケートヒェンことアンナ・カタリーナと恋仲になってしまう。彼女は当時二十歳で、ゲーテよりも三歳年上であったが、二人の仲は純情の域を越えた激しい恋愛だったと言われている。その恋愛は二年余り続いたが、ケートヒェンの分別ある提案で収まり、ゲーテは未練を残しつつも友情をもって別れている。

そのあと一七七〇年にゲーテは再び大学で学ぶためにシュトラースブルクへ行っており、そこでもゲーテはアルザスの美しい自然の中で牧師館の十八歳の娘フリーデリケと恋仲になる。このやさしく甘美な恋はゲーテにとって生涯忘れることのできないものであった。「燦然《さんぜん》と／自然は輝く！／陽は燃える！／野は微笑む！／花々は／枝から咲きこぼれ／鳥の囀《さえず》りは／茂みからあふれてくる」に始まる抒情詩「五月の歌」――ベートーヴェンはこの詩にも『八つの歌』作品52の第四曲「五月の歌」という曲をつけている――は、自然の壮麗さと一体になった究極の恋の歓喜を歌っている。しかし、その恋の絶頂の中でゲーテは、自分の全身全霊を捧げるべき対象は恋ではなく、文学者としての使命だと悟って、彼女のもとを去っていった。いちずに彼を愛した純真な少女を裏切ったという悔恨は、ゲーテの心の中に長く癒やしがたい傷を残したのであった。

一七七四年にゲーテが二十四歳のときに出版した書簡体小説『若きウェルテルの悩み』も、ゲーテのその頃の恋愛が根底にある。この作品は感受性の強い青年が初々しい乙女に出会って恋をするが、彼女には婚約者がいて、青年は悩み嘆いたあげく、ピストル自殺をするという内容である。この作中の三角関係となる人物設定については、法律の実務研修に出かけたヴェッツラーで出会った実在のシャルロッテ・ブーフが作中のロッテのモデルとなっていることは、よく知られたことである。しかし、作中の後半で、結婚したロッテの夫に主人公の青年が耐えがたい嫉妬を感じる場面では、別の夫婦がモデルとなっている。第二章第三節ですでに述べたように、そのモデルとなった一人が女流作家ゾフィー・フォン・ラ・ロッシュ夫人の娘マクシミリアーネである。一七七二年に二十三歳のゲーテはヴェッツラーからの帰途、傷心を抱いて立ち寄ったエーレンブライトシュタインのフォン・ラ・ロッシュ夫人の家で、十六歳の彼女に会ってたちまち心を動かされた。しかし、彼女は二年後にフランクフルトの豪商ブレンターノの後妻となった。この二つの恋愛が書簡体小説の基盤となっているのである。

二人を結びつける使者ベッティーナ・ブレンターノ

まさにこのフォン・ラ・ロッシュ夫人の娘マクシミリアーネと豪商ブレンターノとの間に生まれたのが、ベッティーナ・ブレンターノであり、ゲーテとベートーヴェンを結びつけた使者でもあったのである。この『若きウェルテルの悩み』を出版した翌年、ゲーテは上流社会の令嬢で十七歳のエリザベート・シェーネマンと知り合って婚約までしたという。ゲーテにとってこれは唯一婚約まで進んだ恋愛であったが、半年もしないうちにそれを解消している。この娘との恋愛から生まれたのが、ゲーテの詩「新しい愛、新しい生」であり、これにやがてベートーヴェンが『六つの歌』作品75の第二曲という曲をつけるだけではなく、その一部をベッティーナにあてた手紙の中に書き込んでいることは、すでに紹介したとおりである。なんという巡り合わせであろうか。ゲーテとベートーヴェンは以前から見えない糸で結ばれていたとしか言いようがない。しかも二人は若い青年時代に次から次へと恋をしていき、それらの恋はいずれも実らなかった点でも共通している。若い頃は二人とも感受性の強い芸術家だったのである。

しかし、ゲーテはベートーヴェンと出会う頃には六十三歳であり、長く一緒に暮らしてきたクリスティアーネと一八〇六年に正式に結婚していた。違う点はそこにあろうか。いずれにしてもベッティーナ・ブレンターノは、異母兄でフランクフルトの豪商ブレンターノの後継者フランツ・ブレンターノの妻アントーニアの実家であるウィーンのビルケンシュトック邸に滞在していたとき、ベートーヴェンの「月光」ソナタを聴いてベートーヴェンと知り合い、それがきっかけでベッティーナを介してゲーテとベートーヴェンという二大巨匠の出会いが実現するのである。

二大巨匠の往復書簡

ベートーヴェンはベッティーナと知り合って、自分の音楽について彼女と話し合っているうちに、「ゲーテとこのようなことを話したい」と語ったことから、ベッティーナがそのことをゲーテにあてた手紙に書いて、ついにゲーテもベートーヴェンに興味を抱くこととなったのである。

ベートーヴェンはそれまでにゲーテの詩作品だけではなく、一八〇九年から翌年にかけて、ゲーテの戯曲『エグモント』に序曲のほかに九曲の音楽（劇音楽『エグモント』作品84[*7]）をつけており、のちには『ファウスト』（第一部一八〇八年出版）を音楽化する構想も持っていたという。ゲーテはベートーヴェンにとって特別な存在であった。

そうしているうちにベートーヴェンの友人で秘書役をも務めていたフランツ・オリーヴァが、商用のついでにワイマールを訪れることになったので、ベートーヴェンは一八一一年四月十二日付でゲーテあてに手紙を書いて、それをオリーヴァに託した。オリーヴァは五月二日にゲーテを訪ねて、ゲーテにベートーヴェンの手紙を手渡したのであった。その手紙の中には、ベートーヴェンがかつてゲーテの戯曲『エグモント』を読んだときと同じ情熱をもって、このたびその戯曲を再三読み返して、それに曲をつけたということとともに、近々その楽譜をライプツィヒの出版社ブライトコップフ・ウント・ヘルテル社より届けることを書いた。そして最後にそれについてゲーテの講評と、また自分の芸術に有益となる叱正をもいただきたいという内容の簡単な手紙であった。

この手紙に対してゲーテは、一ヵ月半ほどのちの六月二十五日付で滞在地のカールスバートから返事の手紙を書いている。その中でゲーテは、ベートーヴェンの作品を練達の演奏家や素人愛好家によって演奏されるのを聴くたびに、作曲者自身のピアノ演奏で鑑賞したい気持ちになるということを伝えている。そしてベッティーナ・ブレンターノが心底ベートーヴェンの音楽に魅せられていることを書き記したあと、近々謹呈される『エグモント』の音楽は、今年の冬に自分たちの劇場で使用するよう計画したいとの好意的な返事を書いた。また使者オリーヴァの話によれば、ベートーヴェンはワイマールを訪問したいようであるが、宮廷のみならず音楽を愛する聴衆すべてが集まるような時期であれば、ベートーヴェンを大歓待するつもりであることを手紙の最後に付け加えている。

このような返信を受け取ったベートーヴェンは、心が舞い上がるほどの喜びを感じたことは確かである。これからカールスバートに行けば、ゲーテに会えるかもしれないと思ったこともあり、ベートーヴェンは一八一一年の夏に第一回目のボヘミア旅行へ出かけた。しかし、七月末にウィーンを出発し、ボヘミアのテプリッツに着いたのは、八月四日で、その年にはゲーテはすでにワイマールに帰っていたので、会うことは叶わなかった。

ゲーテの方もベートーヴェンには興味を持っていたが、『エグモント』の楽譜は予告から九ヵ月も遅れて翌年一八一二年一月末になってようやくゲーテの手元に届いたので、前年末の戯曲『エグモント』上演の際には活用することができなかった。しかし、ゲーテはその総譜を受け取ると、フォン・ボイネブルクという人を昼食に招いて、その昼食の前にベートーヴェンの音楽をピアノで弾いてもらった。昼食後にも引き続きそれを演奏してもらったことを日記に書きつけているので、ゲーテもベートーヴェンにますます関心を抱いたことは間違いあるまい。

二大巨匠の出会い

そして翌年の一八一二年の夏にベートーヴェンが再度ボヘミア旅行に出かけたときに、二大巨匠の出会いがついに実現したのである。この年のボヘミア旅行はベートーヴェンにとっては「不滅の恋人」への手紙に関することで大変なものであったことは、すでに述べたとおりである。この二人の出会いはゲーテの方から仕掛けられた。[*8]

ゲーテはこの夏も五月からカールスバートで著作の執筆に携わっていたが、ワイマールの君主カール・アウグスト公から公務のためにテプリッツに呼び出されたのである。テプリッツはちょうどそのときオーストリア皇帝の若い皇后マリア・ルドヴィカが滞在しており、ゲーテ愛読者として是非とも著者と話したいと言い出したのである。ワイマールの君主としては高名な詩人を臣下に抱えていることで、大いに面目を施すよい機会だと捉えられたのであろう。ゲーテとしては休暇中に公務で呼び出されたかたちであるが、君主からの要請を断るわけにもいかない。そこにはベートーヴェンもいるに違いないと思って、こうしてゲーテは七月十三日にテプリッツに向かった。

テプリッツで最初に相手に気がついたのはベートーヴェンの方だったらしい。皇后マリア・ルドヴィカが滞在していたクラリー侯の館はベートーヴェンの宿のすぐ近くだったので、散歩に出たベートーヴェンがその館の近くでゲーテの姿を見かけたのである。しかし、その年には仲介役のオリーヴァもいなかったし、耳の不自由なベートーヴェンの方から社交に忙しいゲーテに話しかけることはできなかったのであろう。

二人が初めて対面したのはそれから二日後の七月十九日で、ゲーテがベートーヴェンの宿を訪ねたとも言われているが、もう一つの説には、貴族たちと一緒に散歩していたゲーテがベートーヴェンの姿を見つけて、話しかけたとある。いずれにしても近づいていったのは、ゲーテの方である。

そのときゲーテはこの不敵な面魂《つらだましい》の男に魅了されたようである。初めて出会った日に、ゲーテは妻クリスティアーネにあてた手紙の中で、「私はこれまで、これほど強い集中力を持ち、これほどエネルギッシュで、しかも内面的な芸術家を見たことがない」と書いている。

初めて対面した日以来、ゲーテは忙しい公務の合間を縫って、ベートーヴェンと毎日のように会っていたようである。ゲーテの日記によると、そこからそれほど遠くない景勝地のピリンまで馬車で遠出したこともあるという。七月二十一日の夜にはゲーテはベートーヴェンの宿を訪ねて、以前から望んでいたベートーヴェン自身によるピアノ演奏をしてもらい、たいへん感動したようである。

この二人の性格はまったく対照的であったが、ゲーテの寛容な態度によってその性格の違いはそれほど問題にならなかったのであろう。二人の性格の違いを明確に物語るものとして、二人が散歩中に皇族方に出会ったときの話が残っている。ベートーヴェン自身がそのときのことをベッティーナ・ブレンターノにあててテプリッツで書いた一八一二年八月付の手紙に、次のようにある。

……昨日、私たちは帰り道で、皇族方お揃いのところへ出会いました。来られるのが遠くから分かりました。するとかのゲーテは私と組んでいた腕を解いて、道の脇に退き、私が何と言っても一歩も足を進めさせることはできませんでした。私はぎゅっと帽子をかぶって、フロックコートのボタンをはめて、腕を背に組んで、雑踏している人並みの真ん中を押し分けて行きました。――君侯たちや傍臣どもは二列になりました。ルドルフ大公は私に向かって帽子を取られ、皇后陛下も私に先んじて挨拶されました。――皇族方は私を認められたのです。――行列がゲーテの前を通ったときは、本当におかしかったです。――彼は脱帽し、低く腰を屈めて、控えておりました。

二人の性格を如実に表している話であり、ワイマール公に仕えるゲーテとしては、無礼極まりないベートーヴェンをひどく咎《とが》めたかったことであろう。しかし、ゲーテはそのベートーヴェンの無礼な振る舞いも、不羈奔放《ふきほんぽう》な彼の天性であり、難聴という不幸からくるものとして理解して、その無礼を許そうとする寛容な態度を示している。ゲーテは最初のうちはベートーヴェンの無礼な態度を確かに非難することもあったが、しかし、彼との出会いは自分に大きなものをもたらしてくれるものだったのであろう。

テプリッツでの公務を終えてからも、二人はその年の九月にカールスバートで会っている。ここではテプリッツのときとは違い、ゲーテは宮廷人の立場から完全に解放されて、一人の詩人として、また先輩芸術家としてベートーヴェンに向き合ってくれたに違いない。ベートーヴェンは耳が不自由で、聞き取るのもたいへん困難であったろうが、しかし、偉大で寛容なゲーテは辛抱強く難聴の客人の相手をしたものと思われる。のちにベートーヴェンは「そのとき、そのすべてが、どんなに私を幸せにしてくれたことか！　あの人のためなら、私は十度でも死ぬことができたでしょう。……あのカールスバートの夏以来、私はいつもゲーテを読んでいます――何かを少しでも読むときには」と語っている。

「言葉の音楽家」ゲーテと「音の詩人」ベートーヴェンは、一見対照的でありながら、その自然観や世界観において共通し、響き合うところが意外と多かったのも事実である。二人は自分のいかなる体験をも決して無駄にはせずに、そこから必ず何かを学び取って、それを自らの作品の中に昇華させていったという点でも共通する。ベートーヴェンにとっては「不滅の恋人」との関係で大変なボヘミア滞在であったが、一方ではゲーテに出会うことができて、意味のあるボヘミアの夏でもあったのである。

ボヘミア滞在余話

最後にこのボヘミアでの出来事の中でもあまり知られていない話であるが、二回目のボヘミア湯治旅行の際にベートーヴェンは一人の少女から一通の手紙をもらった。Hという所に住んでいる、エミリエ・Mという八歳か九歳の少女であった。ピアノを習っていて、ベートーヴェンをたいへん尊敬していたらしく、女家庭教師を通じてその手紙をテプリッツに滞在中のベートーヴェンに届けてもらったようである。尊敬のしるしに自分で作った「紙入れ」を同時に贈っている。この少女の手紙に対するベートーヴェンの一八一二年七月十七日付の礼状が残っている。少女はベートーヴェンをヘンデル、ハイドン、モーツァルトのようにすばらしい音楽家として崇拝していることを書いていたようで、ベートーヴェンはそれに対して、「ヘンデル、ハイドン、モーツァルトから彼らの月桂冠を奪ってはいけません。月桂冠は彼らのものです。まだ私のものではありません」と、謙遜《けんそん》しているが、そのあと少女のピアノレッスンと人生修業を励ます内容は、とても感動的である。

芸術の修業だけでなく、あなたの精神を益する修業をお続けなさい。それは続ける値打ちがあります。ただ芸術と学問だけが人間を神様のように尊いものに高めるのですから。わが愛するエミリエよ、何か望みがあったら私を信頼して言って寄こしなさい。真の芸術家は決して傲慢ではありません。芸術家は芸術に限りがないのを見て嘆き、彼は目的に達するのにどんなに遠いかを感じ、またそれだのに彼はよく人から驚嘆されるのを見て暗い気持ちになり、もっと優れた天才が太陽のごとく遠くに輝いているところにはまだ行き着けないことを悲しむのです。魂の中に彼らの貧しさをいただいている多くの金持ちどものところへ行くより、あなたのところに、あなた方のところに参る方がきっと私には好ましいでしょう。一度Hに参ることがありましたら、あなたを、あなたのお宅をお訪ねしましょう。私は人間が人間として優れていると言われるのは、よりいっそう善良な人間として数えられる、ということ以外には認めません。こういう人のいるところが私の故郷です。

ベートーヴェンの「人となり」がよく分かる手紙ではないだろうか。自らをまだ月桂冠を捧げられるような音楽家ではないとしている点で、ベートーヴェンはすでに「真の芸術家」と言えるのではないだろうか。ピアノを習っている名もない少女にあてて、芸術の修業に励むことを勧めているに過ぎない手紙であるだけに、人間ベートーヴェンの本音が盛り込まれている手紙である。「よりいっそう善良な人間」となることが、芸術家ベートーヴェンの究極の目標なのである。しかし、その目標を達成させることがいかに困難なことかを、知り抜いている。その点でも「偉大な音楽家」であると言えないだろうか。ベートーヴェンの数々の名曲の中だけではなく、このようにベートーヴェンの日常生活の中にも私たちを感動させるエピソードがある。人間ベートーヴェンに学ぶところは多いと言ってもよいであろう。

第五章　ベートーヴェンの『日記』

第一節　『日記』の内容

「愛の破綻」の嘆き

ベートーヴェンは、先にも簡単に述べたように、「不滅の恋人」アントーニアとの結婚の夢が絶たれた一八一二年から一八年まで『日記』を書いた（図1）。日記と言っても通常の日記ではなく、そのときの気持ちを書きつけたり、読んだ本の中の文言を書き記したりしたような類いのものである。その『日記』はその後の「人間ベートーヴェン」にどのような意味を持っているのか。その内容を検討しながら、「人間ベートーヴェン」の内面を探っていくことにしよう。

一八一二年のボヘミアでの一夏を終え、その秋にはアントーニアは夫ブレンターノとともにウィーンを去り、フランクフルトに帰っていった。ベートーヴェンは自分がひどい孤独状態に陥ったと感じて、その個人的な危機からこの日記を書き始めたと思われる。

その日記の冒頭は、一八一二年の日付のない日記（日記1）であるが、「服従、お前の運命への心底からの服従、それのみがお前に犠牲を——献身としての犠牲を負わせうるのだ」に始まり、前章ですでに引用した「こうしてA（アントーニア）とのことは、すべて崩壊に至る」

という文章で終わっている。

　そのあと一、二行の文章に続いて、一八一三年五月十三日の日記（日記3）となるが、「おお、なんとひどい状況、家庭生活に対する私の思いは押し殺さずに、その実現を阻むとは、おお神よ、神よ、不幸なBにお目を注がれ、もうこんなことが続かぬようになし給え」と綴られている。「不滅の恋人」アントーニアとの結婚生活の夢が絶たれたことを嘆いている文章であることは確かである。彼女への愛が真剣であり、また家庭生活への夢も叶えられそうなところまで進んでいただけに、この愛の終焉はベートーヴェンにとってかなりの打撃であったことであろう。その嘆きが半年近くも続いていたことになる。

図1　『日記』執筆時のベートーヴェン（1815年または1818年）

芸術への没頭

　しかし、「愛の破綻」を嘆いているだけでは、人間として堕落の一途を辿るばかりである。十年前に「ハイリゲンシュタットの遺書」を書いたときと同じように、ベートーヴェンはその苦しみを「芸術への情熱」によって克服しようと努めている。日付は書いていないが、日記7では「お前の苦難について考えずに済むには仕事に没頭するのが一番だ」と書き記し、日記27では「この世には成すべきことがたくさんある、すぐに成せ。今のような日常生活を続けてはならない、芸術とはそうした犠牲さえ要求する――気晴らしをして休むのは、よりいっそう力強く芸術活動をするためにのみある」と書いている。

最後から三番目に書かれた日記169では、最初に「お前の芸術のために、もう一度社会生活の些事《さじ》すべてを犠牲にせよ」とあり、続けてホメロスの『オデュッセイアー』からの引用文と思われる「おお、すべてに優る神よ！　なぜなら全知全能なるその永遠の摂理は、死すべき人間の幸不幸を導き給うからである」という文章が書かれている。これらの文章からは、「自分の使命である芸術活動を成し遂げるまでは、死ぬわけにはいかない」という「ハイリゲンシュタットの遺書」での信念をさらに強くしていることが読み取られる。さらにベートーヴェンの芸術に対する情熱にあふれており、芸術に没頭する努力をした上で最後には幸不幸のすべてを全知全能の神に委ねる決意も読み取られる。

伝統の尊重

芸術に没頭する際にも、ベートーヴェンはやみくもに独自の道を切り拓いていく単なる革新的な音楽家ではない。とりわけバッハ、ヘンデル、モーツァルト、ハイドンはベートーヴェンにとって音楽上の神々であり、彼の音楽はそれらの伝統的な音楽を土台としたものである。日記43には「ヘンデル、バッハ、モーツァルト、ハイドンの肖像画が私の部屋にある。それらは、私の忍耐を培う助けになってくれる」とあり、先人の音楽的技巧を学んで、それを自分の音楽に活かすだけではなく、それらの音楽そのものがベートーヴェンにとっては「忍耐」を培うエネルギーにもなっていることがうかがえる。

また日記57では「学問を培うがよい、なぜなら賢者たちが長いこと踏みならした径《みち》ほど人にとって確かな道はないのだから」とも書き記している。これはヘルダー『人間の生涯』からの引用文であるが、ベートーヴェンは先人たちの書物に触れる必要性を訴えかけている。この日記ではホメロスの作品からの引用文もあちこちに見られることから、古典作品を読み、そこから自分に必要なエキスを補うことを勧めていると言える。ベートーヴェンは伝統的な作品を尊重しながら、それらからエネルギーを取得して、独自の道を切り拓いていった音楽家なのである。これはボン時代の師ネーフェからの教えでもある。現代の私たちには、新しいすぐに役立ちそうな成果のみに基づいて、古典的な作品を無視したかたちで、自分の業績をあげようとする傾向がある。この点でもベートーヴェンに学ぶところが多いのではないだろうか。

忍耐

「忍耐」という点でもベートーヴェンから学ぶことが多い。日記56ではヘルダーの『労苦と報い』の中から次のような文章を引用している。

蜂に刺される苦痛なしに、蜂蜜を味わいたいのか？
戦いの危険抜きに、勝利の栄冠を欲するのか？
そして海人《あま》は、海底から真珠を手に入れる。
おお人間よ、もし海人が、鰐《わに》を恐れて岸に逃げ帰るとしたら？
だから危険を冒《おか》せ！　神がお前に授け給うものは、
何人も汝から奪うことはできない。

どの分野においても一定の成果をあげるためには、ある程度の「労苦」が必要であるということは、ベートーヴェンの以前からの信念であった。ヘルダーの著作を読んで初めて得た「信念」ではあるまい。ヘルダーの著作を読んでいるうちに、自らが以前から抱いていた信念を言葉にしたものに出会ったので、ベートーヴェンは上記の文章を引用したと思われる。このヘルダーの文章によってベートーヴェンは自らの「信念」を強くしていったのである。

ベートーヴェンはこの頃、同様に苦難の日々を送ったヘルダーの著作を読むのに専念していたようで、日記58にもヘルダーの『雑纂』から「人生の慰め」の文章を引用している。

艱難《かんなん》のときに、その日を見て落胆するなかれ。

その一日は、憂いに代わって喜びを、悲痛に代わって楽しみを、汝にもたらすだろう。
毒気を含んだ風で始まっても、その後まもなく
大気が、この上ない香気で満たされたことが、幾度あったことだろう。
暗雲が汝を脅かしても、それが暗い子宮から嵐を吐き散らす前に
吹き払われたことが、幾度あったことだろう。
煙が立ち昇っても、火事ではなかったことが、幾度あったことだろう！
それゆえ、災難に見舞われたときでも、絶えず心を明るく保ちなさい。
時は、さまざまな奇跡を陽《ひ》のもとに曝《あらわ》す。
汝が、偉大なる神から待ち望める恵は、数え切れないものだ。

難聴に苦しみ、また愛の破綻に苦しむベートーヴェンを励ましてくれた文章であったことは、間違いあるまい。『交響曲第六番』「田園」の第四楽章では「雷雨、嵐」が激しく響き渡るが、そのあとの第五楽章では一転して「嵐のあとの喜びと感謝にあふれた感情」の音楽が流れる。引用文のように、「暗雲が汝を脅かしても」、そのうち「吹き払われ」るのが、「人生の慰め」である。だから「災難に見舞われたときでも、絶えず心を明るく保ちなさい」というのも、このたびヘルダーの書物に触れて初めて得た「信念」ではあるまい。「ハイリゲンシュタットの遺書」を書いてから、否、ボン時代で苦難の日々を送りながら、自然と身につけてきたものだ

ったのであろう。それが今、ヘルダーの文章を介して、ベートーヴェンの心の中に確かなものとして蘇ってきたのである。ベートーヴェンの作品は最初は激しくて荒々しいメロディで始まっていても、最後には「喜び」や「生きていることへの感謝」の気持ちが表現されている。彼の音楽のそのような特徴もこの「信念」から来るものであろう。他人が体験するよりもさらにいっそうつらい苦難を経験しているベートーヴェンだからこそ、そのような音楽表現が可能なのである。

運命への服従

「艱難に耐え抜く」ということは、「運命への服従」をも意味している。それも「消極的な服従」、「虐《しいた》げられたままでのあきらめの服従」ではなく、自分を超えた神の摂理に基づいて「耐え忍ぶ」ということである。日記73でベートーヴェンは、出典不明だが、次のような言葉を書き写している。

運命よ、お前の力を示せ！　私たちは、自分自身の主《あるじ》ではない。定められたことは、そうなるほかはないのだ。それならそうなるがよい。

どこかの著書からの引用ではなく、ベートーヴェン自身の中から出てきた言葉かもしれない。

ここではもはや自らの悲運を呪う気持ちはなく、自分自身の主である神の定めた「運命」に服従する決意が表明されている。いかなる苦難にも耐え抜いてみせるという強い意志が読み取られる。しかもその艱難をベートーヴェンは、自らを高めるための一つの機会だと捉えている。日記78にはこうある。

忍耐——服従——服従、このようにして我々は、極度の悲惨さの中にあってさえ、己れを品位あるものにする。

このような信念は別にベートーヴェンに限らず、この世で偉大だと言われる人には誰にもあてはまることであろう。日記93でも、出典不明だが、「優れた人物の大きな特徴、それは辛い不運な境遇にじっと耐えること」とある。不運な境遇に耐え抜いて、一つの成果をあげたとき、その人は「偉人だ」と称えられることであろう。ただベートーヴェンの場合は、たいていの偉人と違って、音楽家としては致命的な難聴を患っている。それにもかかわらず音楽史上「不朽の名曲」と評価される作品をすでに世に送り出している。しかもその「苦悩」は、作曲の過程で浄化されて、すばらしい音楽に昇華されている。それはさらに第九交響曲によってよりいっそう高められることとなるのであり、そこにベートーヴェンの偉大さがあると言ってもよいであろう。

諦念

「運命に服従する」とは、「諦念」をも意味する。しかし、「諦念」とは単なる「あきらめ」ではない。「諦念」とは「神の定めた運命に従う」という積極的な意味での「あきらめ」の決意である。日記104には次のような文章が書き込まれている。

Tに関しては、神にお任せするよりほかはない。弱さから過ちを犯すかもしれないようなところには、決して行かぬことだ。ただひとえに彼、すべてを知り給う神にだけお任せすることだ。

ここにおけるTとは、トーニの愛称で呼んでいたアントーニアのことである。しばらく個人的な人物に触れることはなかったが、ここで再び「不滅の恋人」が出てきている。しかし、その「愛の破綻」に由来する「苦悩」はもはや見られない。神の摂理を悟った感じがある。そのすぐあとの日記107には、次のように書き記されている。

にもかかわらず、Tに対してはできる限り誠実であれ。彼女の献身的情愛は、いつまでも決して忘れてはならないものだ。——悲しいことに、たとえそれがお前に都合のよい結果が決して生まれないにせよ。

アントーニアへの愛は「あきらめ」ても、彼女に対してはいつまでも「誠実」であることを決意している。アントーニアがこれまで尽くしてくれた献身的な情愛は、決して忘れてはならないものであり、それに感謝の念をいつまでも捧げることを決意しているとも言える。これまでの「愛」が「誠実」へと昇華されたと言ってもよいであろうか。ベートーヴェンはボヘミア湯治旅行以後、「愛の破綻」を嘆きつつも、さまざまな本を読み、それらの哲学的な文言を書き留めているうちに、だんだんと一つの「諦念」の信念に辿り着いたのである。この『日記』の最後にあたる日記171には、クリフトフ・クリスティアン・シュトルム『自然界における神の創造物と年々の日々の摂理についての考察』から、次のように引用している。

それゆえ私は、心静かにあらゆる変転に身を委ねよう。そしておお神よ！汝の変わることなき善にのみ、私のすべての信頼を置こう。汝、不変なる者は、わが魂の喜びたれ。わが巌《いわお》、わが光、わが永遠なる信頼であれ！

これは『日記』を「愛の破綻」から六年間書き続けて「諦念」の信念に辿り着いたときの、ベートーヴェンの心情をそのまま表したものではあるまいか。ベートーヴェンも今や「心静かにあらゆる変転に身を委ね」る決意に到達したのである。アントーニアに関連づけて言えば、ベートーヴェンは自分の利己的な幸せを断念し、アントーニアの幸せをひたすら祈ることを決断したのである。

このようにベートーヴェンは恋愛という個人的な情念から出発して、難聴という運命はもとより、身分違いという運命や「愛の破綻」の苦しみに鍛えられながらも、それらに打ち勝つことによって、ついには自我の限界を超えて、真の意味での普遍的な人間へと脱皮したのであり、さらにこのあとは第九交響曲の完成を経て、星々の彼方へ至る宇宙的視野を獲得していくことになるのである。「不滅の恋人」への手紙に綴られた「苦難」も、『第九』の「歓喜の歌」へ至る一段階だったのである。

第二節　『日記』執筆時の音楽作品

ヴァイオリン・ソナタ

ボヘミアへの旅での「不滅の恋人」との愛の破綻により『日記』を書き始めた一八一二年から一八年までの期間にも、ベートーヴェンは数々の名曲を残している。

まずはヴァイオリン・ソナタでは最後の作品にあたる『第十番ト長調』作品96が作曲された。この作品は、一八一二年十二月にフランスの有名なヴァイオリニストであるピエール・ロード（一七七四〜一八三〇）がルドルフ大公を訪ねてくるときに作曲された。ピアノを弾くルドルフ大公とヴァイオリンを弾くロードのために、その二人の出会いを和やかなものにするという目的をもって作曲されたもので、前作の第九番「クロイツェル」とはまたがらりと変わった、内輪の楽しみに柔らかな目が向けられている作品である。その年の十二月十九日にロプコヴィッツ侯爵邸でピエール・ロードのヴァイオリンとルドルフ大公のピアノによって初演され、もちろんルドルフ大公に献呈された。

ピアノ・ソナタ

ピアノ・ソナタもこの期間に三曲書かれた。まず『第二十七番ホ短調』作品90は一八一四年に作曲され、ウィーンで最初のパトロンとなったカール・リヒノフスキー侯爵（その年に死去）の弟であるモーリッツ・リヒノフスキー伯爵に献呈された。二楽章から成るが、シンドラーによると、リヒノフスキー伯爵がこの作品の意味を作曲者に尋ねたところ、ベートーヴェンは笑って、第一楽章は「理性と感情の争い」、第二楽章は「恋人との会話」と答えたという。

次の『第二十八番イ長調』作品101はベートーヴェンのいわゆる後期様式を示す最初の作品で、一八一五年に着手して、翌一六年に完成した。後期様式をそなえたこの最初のソナタは、著しく幻想的で、その点ではかつての作品27「幻想曲風ピアノ・ソナタ」の世界にもつながるが、しかし、その表現のスケールは比較にならないほど大きくなっている。この作品は第二章第三節でも述べたように、ドロテーア・フォン・エルトマン男爵夫人に献呈された。

続く『第二十九番変ロ長調』作品106「ハンマークラヴィーア」は一八一七年十一月から書き始められ、一九年三月にはすべてが完成していたという。演奏時間は約四十分もかかる、これまでにも類を見ない長大なピアノ・ソナタであり、ベートーヴェンの後期様式を示す典型的な作品である。この作品もルドルフ大公に献呈された。

『ウェリントンの勝利またはヴィットリアの戦い』(戦争交響曲)

一八一三年六月二十一日にスペインのヴィットリア会戦においてウェリントン侯爵率いるイギリス軍がフランス軍に勝利した際に、その勝利に酔っているイギリスに売り込もうと考えて、メトロノームの発明者として知られるメルツェル(一七七二〜一八三八)は、ベートーヴェンにその作曲を依頼した。そうして作曲されたのが、『ウェリントンの勝利またはヴィットリアの戦い』作品91で、「戦争交響曲」とも呼ばれているものである。一八一三年十二月八日にウィーン大学講堂で行われた、戦争傷病兵のための慈善音楽会でベートーヴェン自身の指揮によって初演された。この作品は二つのパートから構成され、前半はそのヴィットリアの戦いを再現したもので、イギリス軍とフランス軍が激しくぶつかり合い、最後にはフランス軍が撤退していく様子が音楽化されている。後半はウェリントン侯爵率いるイギリス軍の勝利を祝う華々しい凱歌となっている。この曲は当時は大好評を博して、ベートーヴェンは時の人になったとも言われている。

カンタータ『栄光の瞬間』

この頃好評を博した作品がもう一つある。一八一四年九月からウィーンではヨーロッパの同盟国の君主らを集めて「ウィーン会議」が始まったが、この会議のために作曲したカンタータ『栄光の瞬間』作品138がそれである。

ザルツブルクから来たアロイス・ヴァイセンバッハ（一七六六〜一八二一）がウィーンで書き上げた頌詩《しようし》にベートーヴェンが一ヵ月半ほどかけて曲をつけたものであるが、四人の独唱、合唱とオーケストラのための大カンタータで、ウィーン会議を称える作品であり、ヨーロッパに君臨するハプスブルク皇帝の力を誇示したものと言える。十一月二十九日にホーフブルク宮殿のレドゥーテンザールで、ヨーロッパ各地の君主らが列席する中で初演された。この日のプログラムは第一曲目が『交響曲第七番』で、第二曲目がこのカンタータ『栄光の瞬間』であり、三曲目として『ウェリントンの勝利』が演奏されて締め括られると、会場は熱狂の渦に包まれたと言われている。

十二月二日と二十五日にも同じプログラムで繰り返されて、「ウィーン会議」を称える大カンタータとなった。ここでもベートーヴェンはまさに時の人となったのである。

このカンタータ初演の前にウィーン会議が始まった九月初旬には、そのほかの作品としてベートーヴェンはカール・ベルナルトの詩による『同盟君主に寄せる合唱』WoO95を書き上げており、九月二十六日に各国君主らの臨席のもとで歓迎音楽会が行われ、ここで完成したばかりのオペラ『フィデリオ』が上演された。このオペラ『フィデリオ』の成立過程については次章で述べる。熱狂的な喝采を受けて、二週間後の十月九日にも再上演された。

とりわけこの「ウィーン会議」が行われた一八一四年前後は、ベートーヴェンにとってさまざまな苦難に見舞われて、大変な時期であったが、しかし、そのような中にあってもベートーヴェンは、それに屈することなく、いろいろなすばらしい作品を次から次へと生み出していったのである。

第三節　連作歌曲『遥かなる恋人へ』

この「苦難」の時期に書かれた作品としてさらに重要なものがある。ベートーヴェンは一八一六年に連作歌曲『遥かなる恋人へ（An die ferne Geliebte）』作品98を作曲しているのである。この連作歌曲は最終的にはロプコヴィッツ侯爵に献呈されることになるものの、アントーニアとの思い出から生まれたものであると言ってもよいであろう。

詩はボヘミア出身のアロイス・ヤイテレス（一七九四〜一八五八）によるものである。ヤイテレスは疫病が流行したときに献身的に病人の看護にあたった医学生であり、ベートーヴェンは彼に励ましの手紙を書いて、その返礼としてこの詩を受け取ったという。以下にその六つの詩の邦訳を紹介しよう。

1　丘の上にすわり
丘の上にすわり　青い空を見る
彼方に牧場が見えてくる　恋人よ、僕が君と出会った場所だ
僕は君から遠く離れている　山と谷が私たちの間を
隔てる。私たちの平和も　私たちの幸せも苦悩までも
ああ、このように熱く君を求める　眼差しに君は気づくことはない
そしてため息も消えてしまう　私たちの間の隔たりの中で
君にはもはや何も届かないのか　愛の便りは何もないのか？

私は歌おう、私の痛みを　君に嘆く歌を歌おう！
なぜなら、歌の響きは　どんな隔たりも時間も消し去り
そして愛する心を捧げたものに　愛する心が届くのだから

2　青き山々が

青き山々が　灰色の霧の中で
見下ろしている　太陽が燃え
雲が動くところへ　私は行きたい！

あそこの穏やかな谷間では　悲しみや苦しみはおさまり
岩の間では　静かに桜草がやすらい
風がそっと吹いている　そこへ私は行きたい！

その深い森へと　愛の力、心の中の苦しみが
私を駆り立てる　私をここから立ち去らせるものはない
私は愛しい君のそばに　いつまでも永遠にいたいのだ！

3

天高く飛ぶ軽やかな帆船よ
天高く飛ぶ軽やかな帆船よ　そして小さくて狭い小川よ
私の恋人を見つけ出すことができたら　幾千もの挨拶を彼女に伝えておくれ

汝ら雲よ、彼女のところに行き　彼女が静かな谷間で物思いにふけっていたら
彼女に私の姿を見せておくれ　風通しのいい天の広間で

彼女が今や秋の枯れ枝のそばに　立っていたら、私がどうしているかを
彼女に訴えておくれ　小鳥たちよ、私の悩みを彼女に訴えておくれ！

静かな西風よ、私の心の想いと　太陽の最後の輝きのように
消えゆく私のため息を　伝えておくれ

私の愛の祈りを彼女に囁《ささや》いておくれ　小さくて狭い小川よ
そのうねりの中で誠実に彼女に　数知れぬ私の涙を見せてあげておくれ

4　天空の雲よ

天空の雲よ　にぎやかに飛び回る小鳥たちは
おお、愛する人よ、君を見ることだろう　私も一緒に軽やかに飛び回らせてくれ！
西風は戯れながら　君の頬と胸元に遊び
絹のような巻き毛を揺り動かすだろう　西風とこの喜びを分かち合いたい！
あの丘から君のもとへ　せわしくこの小川が流れる
彼女の姿が水面に映ったら　とどまることなく私のもとに流しておくれ！

5　五月が来て

五月が来て、野は活気づき　風は穏やかに暖かく吹き
おしゃべりな小川が流れる　燕《つばめ》はもてなしの屋根に戻り
せっせと花嫁の部屋を作る　愛がその中に住むことになる

燕はあちこちを忙しく飛び回り　新婚の寝床に柔らかいものを置き
子どもたちのために暖かいものを置く　今や夫婦は誠実に一緒に暮らす
冬が引き離したものを、今や五月が結び合わせ
愛するものを一つにする術《すべ》を心得ている

五月が来て、野は活気づき　風は穏やかに暖かく吹き
私だけはここから離れることができない
　　　　　　　　　　　　　愛し合うすべてのものを春は結びつけるのに
私たちの愛だけには春は来ない　そして獲得するものは涙だけ

6　これらの歌を受け取っておくれ
これらの歌を受け取っておくれ　私が君に、愛しい人よ、歌った歌を
夕べにもう一度歌っておくれ　リュートの甘い調べに合わせて！

赤い夕陽が静かな青い湖の　向こうに沈むとき
その最後の光も　あの高い山の後ろに消える
そして君は私が歌った歌を歌う　私のいっぱいの胸から
芸術のきらめきはなく鳴り響いた　憧れだけが込められた歌を
これらの歌からは、我々を遠く　隔てていたものが消え去っていく

そして愛する心を捧げたものに　愛する心が届くのだ

この一連の詩を一読しても分かるように、この連作詩は美しい自然を背景にして、遥か遠く離れた恋人を想う心情を切々と歌ったものである。医学生ヤイテレスからこの手書きの詩を受け取ったとき、ベートーヴェンはウィーンからフランクフルトへ帰っていったアントーニアのことを思い出して、たいへん感動して、この詩に曲をつけようとしたに違いない。

この連作詩の全体を見てみると、シンメトリーの構造をしており、第一連と第六連は最後の二行が「そして愛する心を捧げたものに／愛する心が届くのだ」（Und Ein liebend Herz erreichet,/Was ein liebend Herz geweiht）という同じフレーズを使っていて、ベートーヴェン自身も第一曲のメロディを第六曲でも繰り返している。すばらしい詩であり、音楽もすばらしい構造を示していると言えはしないだろうか。シューベルトやシューマンの連作歌曲集に先立つ模範的な作品である。

初版はウィーンのシュタイナー社から一八一六年十月に出版され、すでに述べたように、ロプコヴィッツ侯爵に献呈されたが、しかし、この詩に曲をつけるとき、アントーニアとの思い出を込めていると言える。それはそのメロディの中にアントーニアの思い出と思われるものが、随所に織り込まれているからである。[*1]

まずベートーヴェンはアントーニアの実家に出入りしている頃の一八一二年に歌曲『恋人

へ』の第一稿を彼女に献呈しているが、その中の「おお、あなたの目からひそかに　愛に満ちて輝きながら頬を伝わって　流れる涙を僕は吸い取ろう」という場面のメロディが、この連作歌曲の第六曲の中にひそかに再現されているのである。しかもテンポもほぼ同じで、ピアノ伴奏もギター風である。歌詞もまた以前の『恋人へ』をほのめかすように、「これらの歌を受け取っておくれ　私が君に、愛しい人よ、歌った歌を」とあり、それに続いて「リュートの甘い調べに合わせて！」は、当時アントーニアがギターを弾いていたことを思い起こさせる。他人による歌詞とはいえ、ベートーヴェンはここで巧みにその歌詞にアントーニアとの思い出をメロディとして込めたのである。

さらにこの連作歌曲にはアントーニアと一八一二年にボヘミアで一緒に過ごした夏の思い出として郵便馬車のポスト・ホルンの響きがこだましている。このポスト・ホルンは一八一二年に完成した『交響曲第八番』の第三楽章でも使われているが、このホルンの幸福な追憶は連作歌曲『遥かなる恋人へ』においては第二曲のピアノ伴奏部分でこだまするのである。さらにまたこのポスト・ホルンの響きは、のちにアントーニアに献呈することになる『ディアベッリのワルツによる三三の変奏曲ハ長調』作品120の第五変奏にも現れることになるのである。

この連作歌曲『遥かなる恋人へ』の中心的主題は、第一曲と第六曲の最後にある同じフレーズ「愛する心を捧げたものに　愛する心が届くのだ」の部分で鳴り響くメロディであり、とりわけ最終楽章でテンポを速めて詩とともにメロディが鳴り響くとき、浄化された苦悩にもかかわらず、今なお彼が抱いている「遥かなる不滅の恋人」への真情が、音の奔流となってあふれ出てくる。このメッセージはのちにアントーニアの娘マクシミリアーネに献呈する『ピアノ・ソナタ第三十番ホ長調』作品109の第三楽章にもそっくりそのまま再現されることになるのである。

このように見てくると、ベートーヴェンはこの歌曲にアントーニアとの思い出を込めていることが容易に理解できよう。ベートーヴェンはこのようにアントーニアとの思い出を曲として客観化することによって、それを永遠化していると言える。その恋は一度は破綻を迎えたが、しかし、その後自己変革を経て、恋愛が浄化されて、永遠の家族的友愛にまで高められている。この連作歌曲によってベートーヴェンは一種の「諦念」の境地に達したとも言えるのである。

第四節　ブレンターノ家とのその後の付き合い

家族的友愛としての付き合い

この連作歌曲『遥かなる恋人へ』を作曲する二年前の一八一四年頃は、ベートーヴェンにとって精神的にも身体的にも「苦悩の極限」状態にあったに違いない。それだからこそ『日記』

を書き続けることで、少しでも立ち上がろうともがいていたと推定される。それでも重い病気に倒れ、医者から重大な警告を受けたこともあったであろう。さらにその頃には、年金契約を結んでいた三人のパトロンたちは、すでに亡き人となっており、ベートーヴェンは経済的にも困窮していたと思われる。フランクフルトに移り住んだアントーニアは、そのようなことを人づてに聞いて、ベートーヴェンに小切手を送ってきて、彼はためらいながらもそれを受け取ったとも言われている。

それから二年後の一八一六年頃からはまたベートーヴェンとブレンターノ家との間でやりとりが始まったようである。しかし、その頃は連作歌曲『遥かなる恋人へ』を作曲しており、アントーニアへの愛は浄化されており、両者間の交流は以前とは異なるものであった。

この頃に作曲された歌曲の多くは、ほとんど献呈者なしで出版されているが、一八一七年に作曲された歌曲『どちらにしても』WoO148は、初稿楽譜にアントーニアへの献辞がベートーヴェンの自筆で書き込まれている。「北か南か、どちらにしても　魂が燃え立てばよいのだ！……貧乏か裕福か、どちらにしても　幸せな者が豊かなのだ……」といった内容のラッペ（一七七三〜一八四三）による詩に曲をつけたものであるが、「どちらにしても」ということは、その頃のベートーヴェンの心情――どちらにしても自分の気持ちは変わらないという心情――を表したものであろう。さらに同年にはハウクヴィッツ（一七九一〜一八五六）の詩による歌曲『あきらめ』WoO149も作曲・出版されている。これも当時のベートーヴェンの心境を映し出したものと考えられる。

消えてしまえ、わが光よ！　お前にわずかながら残されていたものが
今や消え失せた　この場所では
お前はそれを二度と見つけられないのだ！　お前は今や自らを解放せねばならぬのだ

かつてお前は喜ばしげに燃え立っていたが　今はお前から空気が奪い取られたのだ
空気が消え去れば　炎は消え失せてしまう
探しても、見つかりはしない　消えてしまえ、わが光よ！

「かつて輝いていた光は、ことごとく消え失せ、探しても決して見つからない」という内容であるが、しかし、その「あきらめ」は決して消極的なものではなく、分相応をわきまえての積極的な「あきらめ」の決断である。「今や自らを解放せねばなら」ないとは、これまでの束縛から自分を解き放たねばならない、つまりは自分の光が消え去ることを耐え忍ばねばならない。その「諦念」に生きなければならないということである。この詩は当時のベートーヴェンが辿り着いた「諦念」の境地をそのまま表しているものではないだろうか。

かつての「不滅の恋人」アントーニアとの付き合いも、すでに述べたように、この頃から再

び始まっているが、しかし、ベートーヴェンはもはやかつてのベートーヴェンではない。「どちらにしても」過去の自分を克服した存在でなければならない。歌曲『どちらにしても』や『あきらめ』の作曲および『日記』執筆によってベートーヴェンのかつての「炎のような愛情」は、「家族的友愛」へと昇華されたのである。

一八一七年二月十五日にはベートーヴェンはフランクフルトのフランツ・フォン・ブレンターノ（この頃にはフランツは市参事会議員に推挙されており、男爵の称号を得て姓に「フォン」がつくようになった）にあてて次のような手紙を書いている。

> 先日作品をたくさん送りました。厚い友情を賜った思い出を思い起こしたのです。今でもブレンターノ家の皆さんを懐かしく思っております。わが尊敬する友よ、とりわけあなたをいつも心からの尊敬の念をもって思い出しております。私はよく天があなたに長い寿命を与えられ、ご一家の首長として敬われ長く活躍なされるよう祈っていることを信じてくださると思います。いつもあなたをこのように思い続けているのです。……あなたの身近な人々、奥さんや可愛いお子さんのことが恋しくてたまりません。このような人をわがウィーンで見出そうとしたってできるものではありません。だから私はほとんど誰とも交際していません。交わっても思想的にお互いに益するところのないような人々と交際することは、昔から私にはできないのです。

ここには「不滅の恋人」への手紙に読み取られたような激しい感情はもはや見られず、「愛の破綻」からの憎しみもなければ、怒りのようなものもない。ウィーンで楽しく過ごしたアントーニアや子どもたちが懐かしくてたまらない気持ちが綴られている。手紙のあて名もブレンターノ家の主人フランツであり、アントーニアについては手紙の最後に「わが大切な友トーニと可愛いお子さんにくれぐれもよろしく」とあるだけである。ブレンターノ家の人たちにはたくさんの作品を贈っていることも分かる。この頃には「家族的友愛」としての付き合いが始まったものと思われる。

フランツ・フォン・ブレンターノにあてた一八二一年十一月十二日付の手紙も残されており、ベートーヴェンは長いこと病気で苦しめられたけれども、「この二年間絶えてその機を得なかったわが芸術のための生活を新たにまた始められるように思われてきた」と書いて、その頃執筆中の『ミサ・ソレムニス』の進捗《しんちょく》状況を知らせている。その手紙の前後の記述からベートーヴェンは、ジムロック社からその作品の報酬の前払いを受け取っていたが、フランツはベートーヴェンが金に縛られて適当でない出版商にその作品を取られないように、借金の肩代わりをしていることも分かる。そのおかげでその総譜はより高い謝金を出してくれるマインツのショット社から出版することができたのである。ベートーヴェンはその頃は経済的にも困っていたが、フランツは彼に支援をしており、ベートーヴェンは心の底から彼に感謝の念を示している。ブレンターノ家との付き合いではベートーヴェンは惨めに見えるかもしれないが、その頃ベートーヴェンはベートーヴェンの方法でその「家族的友愛」に感謝の気持ちを伝えるのである。

ブレンターノ・ソナタ

ベートーヴェンは『ミサ・ソレムニス』と『第九』の作曲に専念している頃、それらを中断してまで三曲のピアノ・ソナタを書いている。生涯で最後のピアノ・ソナタとなる三作品である。これらの三作品はブレンターノ一家のためのものと言ってもよいであろう。ロマン・ロランはこの三曲を「ブレンターノ・ソナタ」と呼んでいる。

まず『ピアノ・ソナタ第三十番ホ長調』作品109は一八二一年にアントーニアの娘マクシミリアーネ（愛称マクセ）に献呈されたものである。その献呈のときの、ウィーン発一八二一年十二月六日付の手紙が残っている。

> 献辞!!!　これはよくある乱用されているような献辞ではありません。地上の高貴な最もよい人を一つにつなぎ、時の隔たりにも揺るがないような精神を込めたものです。この精神が今あなたに話しかけ、また幼かりし頃のあなたをいま目に浮かばせてくれます。またあなたの懐かしいご両親、あなたの才気あふれるすばらしいお母様、いつもお子さんの幸福

を願っておられます本当に善良で、気高い性質に恵まれておられるお父様を目に思い浮かべます。……そしてあなたのご両親の優れた性質を思い浮かべながら、あなたはきっとご両親にそっくりの気高い人になろうと努めておられ、また日々成長されていることを疑いません。

「不滅の恋人」への手紙を書いてから九年が経過して、アントーニアの娘マクシミリアーネに『ピアノ・ソナタ第三十番』を献呈する際のこの手紙には、もはや『日記』の冒頭に書き込まれたような失恋の苦しみはない。マクシミリアーネはベートーヴェンがビルケンシュトック邸に出入りしていた頃、よく可愛がっていた子どもであり、当時を懐かしみながら書いたこの手紙には、今までとは違った「家族的友愛」が明瞭に読み取られる。またこの作品の第三楽章の冒頭と最終部分には、先に少し述べておいたように、連作歌曲『遥かなる恋人へ』の第一曲を支える郷愁的なピアノ伴奏が使われている。アントーニアの娘に献呈した作品とはいえ、そこにはかつて愛したその母アントーニアとの思い出も込められていることは確かである。しかし、かつての激しい想いはここでは浄化されて、一段高い「家族的友愛」へと高められていると言ってもよいであろう。

続く『ピアノ・ソナタ第三十一番変イ長調』作品110は献呈先なしであるが、ベートーヴェンがシンドラーにあてて書いた一八二二年二月十八日付の手紙やモーリッツ・シュレジンガーにあてた一八二二年五月一日付および一八二三年二月十八日付の手紙によると、この作品はアントーニアに贈られることになっていたという。[*2] 第三楽章で静かに奏でられる「嘆きの歌」は、そののちにも再現されて、そのときには「力尽き、嘆きつつ」と記されて、さらに苦悩を深めている。この「嘆きの歌」のメロディはのちにアントーニアに最後に献呈される『ディアベッリのワルツによる三三の変奏曲ハ長調』作品120においても第三十一変奏で再現されることになる。

ピアノ・ソナタ最後の『第三十二番ハ短調』作品111は、最初はアントーニアに捧げられる予定であったが、結局はルドルフ大公にパリ版、ベルリン版、ウィーン版が献呈された。ただロンドン版だけはアントーニアに捧げられている。この作品は、ベートーヴェンがそれまでにも何度か試みてきた二楽章のかたちに圧縮されており、第一楽章と第二楽章はまったく対照的である。第一楽章には嵐のような激しさと締め上げるような緊張感があるのに対して、第二楽章には悠々と果てしなく続く広大な世界に精神を解放し、高揚させていく趣がある。この作品は苦悩の深淵からの脱出と心の浄化を表しているとともに、ベートーヴェンが後期作品で到達した音楽的思想の一つの頂点を示しているとも言えよう。

ディアベッリのワルツによる三三の変奏曲

これらの作品に取りかかっている頃、ベートーヴェンは『ミサ・ソレムニス』の作曲にも取り組んでいたが、それと並行するかたちで『ディアベッリのワルツによる三三の変奏曲ハ長調』作品120の作曲が一八一九年から二三年にかけて進められ、二三年三月から四月にかけて最終的にまとめられた。作曲の動機は、自らも作曲をしたウィーンの出版商アントン・ディアベッリ（一七八一～一八五八）の委嘱《いしょく》による。この作品をベートーヴェンはアントーニアに献呈した。

この作品の中には、『交響曲第八番』第三楽章や連作歌曲『遥かなる恋人へ』第二曲で使われていたアントーニアとのボヘミアでの思い出であるポスト・ホルンの残像が第五変奏において見られるほか、『ピアノ・ソナタ第三十一番』第三楽章に使われている「嘆きの歌」のメロディは、すでに述べたように、第三十一変奏で再現されている。アントーニアに捧げた最後の作品であるが、そこにはこれまでの数々の苦しみを超越して、一つの境地に達した感じさえ与えるものがある。失恋の苦しみは浄化されて、一段高い「家族的友愛」へと高められた至福の精神が読み取られる。ベートーヴェンはもはややみくもに美しい女性に恋する人間ではなく、人生に悟りを開いたと言える。アントーニアとの恋愛以後、ベートーヴェンはもはやどんな女性にも恋心を抱くことはなくなったし、いかなる女性に求婚することもなくなった。自らの分相応というものを悟って、「あきらめ」の境地に達して悟りを開いた人間である。これまで抱いていた「愛」は、今や一段高い「家族的友愛」へと発展していったのである。

その後のアントーニア

　このようにベートーヴェンとブレンターノ家との付き合いは、離れ離れになっても「家族的友愛」のかたちでその後も続くのであるが、ここでついでながらアントーニアのその後について簡単にまとめておこう。*3

　ブレンターノ夫妻は一八二〇年にフランクフルトのザンクトガッセにあった古い館からノイエ・マインツァーシュトラーセの新築の家に移ったが、それは著名な建築家シンケルの設計によるルネッサンス様式の豪邸だった。そのときアントーニアは四十歳であったが、この豪邸こそ彼女の人生の転機を示す象徴的なものであった。ウィーンから移送されたビルケンシュトック邸のコレクションがそこに展示されただけではなく、アントーニアが催すさまざまな文化的イベントの会場ともなったのである。彼女はこのような華やかな催し物ばかり手掛けたわけではない。貧困者や失業者を支援する女性団体の共同設立者となったばかりか、個人としても教会や社会組織を通して、莫大な経済的援助を生涯にわたって続けていき、「貧者の母」とも呼ばれていた。

　しかし、家庭内ではいくつかの悩みにも苛《さいな》まれた。愛らしい少年だった第二子ゲオルクは、暴力的な乗馬狂となり、さらには放蕩者《ほうとうしゃ》となって両親を悩ませた。また最終的にフランクフルトに移住してから生まれた第六子のカールは、生まれつき障がいがあり、年とともに病状は進み、一八五〇年に三十七歳で死去するまで二人の看護人を必要とする生活で、彼の発作を鎮めることができたのは、母アントーニアの弾くピアノだけだったという。アントーニアはカトリックに深く帰依《きえ》することで、それらの悲しみに耐えた。彼女は悲しみを秘めたやさしい微笑みを自分の子だけではなく、社会の底辺に住む貧しい人たちにも注ぎながら、八十九歳の長寿を全うしたという。

ベートーヴェンと一緒に暮らすことは叶わなかったが、彼からボヘミアの思い出を込めたいくつかの作品を献呈されたアントーニアは、自らも並々ならぬ苦悩を体験することによって、ベートーヴェンの「苦悩」を最も深く憐れみ、最もよく理解していた女性だったのであり、真の意味での「不滅の恋人」となったのである。

第六章　『第九』の完成と演奏史

第一節　歌劇『フィデリオ』

『レオノーレ』から『フィデリオ』へ

一八一一年と翌一二年のボヘミア湯治旅行はベートーヴェンの生涯を大きく左右するほどの出来事であった。「不滅の恋人」に手紙を書いたことも、ゲーテと出会ったことも、その後のベートーヴェンに大きな影響を与えてきたことは、これまで述べてきたとおりである。それぞれに意味のある出来事であったが、さらにこの二つの出来事に加えてもう一つ重要なことは、その旅の途上で『第九』の「歓喜に寄せて」がスケッチされたということである。次に本格的に取り上げられるまでにはまだなお十年の歳月を必要とするが、この頃にあって『第九』への道は着実に前進を見せている。それを明らかに示しているのが歌劇『フィデリオ』作品72である。歌劇『フィデリオ』（一八一四年初演）はベートーヴェンの完成されたオペラ（歌劇）としては唯一のものであるが、しかし、現在の台本になるまでには二度（第一稿『レオノーレ』一八〇五年初演、第二稿『レオノーレ』一八〇六年初演）も書き換えられ、序曲は四種類も残されている。『日記』を経てやっと一八一四年に完成するのである。このことから『フィデリオ』は苦心の末に完成された作品であることが理解されよう。ここで歌劇『フィデリオ』の成立過程を見ていくことにしよう。

(1)第一稿(『レオノーレ』全三幕)

まずベートーヴェンは一八〇三年から〇五年にかけて、フランスの劇作家ジャン・ニコラ・ブイイの作品『レオノーレ、あるいは夫婦愛』をヨーゼフ・F・ゾンライトナーがドイツ語に訳した台本を取り上げて、かなり苦心した末に作曲を完成させた。これが第一稿と呼ばれるもので、一八〇五年十一月二十日から三日間アン・デァ・ウィーン劇場で初演されたが、聴衆の多くがフランス兵であったこともあり、かなり不評を買い、失敗に終わった。この第一稿につけられていたのが、『レオノーレ』序曲第二番作品72aである。

(2)第二稿(『レオノーレ』全二幕)

第一稿は全三幕から成り、第一幕があまりにも重厚すぎたため、ボン時代からの友人シュテファン・フォン・ブロイニングが、一八〇五年から翌〇六年にかけてコリントやトライチュケ等の詩人、およびクレメントやザイフリート等の有力な音楽家から助言を求めて、さらにベートーヴェンも加わって、全二幕に切り詰めた台本に作り直した。これが第二稿であり、一八〇六年三月二十九日にアン・デァ・ウィーン劇場で初演された。今度はウィーン市民を聴衆としたが、これも成功を収めることができなかった。収益の件で劇場管理者のブラウン男爵と折り合わず、四月十日に再演されたのち、ベートーヴェンは自らこの作品を取り下げてしまったのである。この第二稿につけられたのが、『レオノーレ』序曲第三番作品72bである。

ベートーヴェンはこの第二稿をプラハで上演する計画を立て、一八〇七年に新たに序曲だけを書き直した。この序曲が『レオノーレ』序曲第一番作品138であるが、しかし、このプラハ上演の計画は実現されずに、この序曲はついにベートーヴェンの生前には一度も陽の目を見なかった。

(3)第三稿(現在の歌劇『フィデリオ』全二幕)

その後、ボヘミア湯治旅行などを経て、一八一四年になってケルントナートーア劇場の支配人で宮廷オペラ台本作家の詩人フリードリヒ・トライチュケがこのオペラ台本を全面改訂し、タイトルも『レオノーレ、あるいは夫婦愛』から『フィデリオ』と改められた。これが第三稿であり、現在の歌劇『フィデリオ』作品72の台本である。一八一四年五月二十三日にケルントナートーア劇場で初演され、大成功を収めた。ただこの初演のときにはまだ新たな序曲は完成されておらず、劇音楽『アテネの廃墟』序曲作品113を代用したという。三日後の五月二十六日の再演には新しい序曲で上演され、同じように大成功を収めた。この再演のときに初めて演奏された序曲が、現在よく演奏される『フィデリオ』序曲作品72である。

こうして紆余曲折を経て、ボヘミア旅行ののち、ようやく好評を博した『フィデリオ』は、このあと九月から始まった「ウィーン会議」の際にもヨーロッパ各国の君主臨席の会場で上演されて、大喝采を浴びたことは、すでに述べたとおりである。

『フィデリオ』から『第九』へ

このベートーヴェンの唯一のオペラ『フィデリオ』が成立するのは、歴史的にはフランス革命に伴う混乱の時期であり、個人的にはベートーヴェンが次から次へと女性に恋をし、求婚していった時期と重なる。オペラ『フィデリオ』は無実の罪で牢獄に閉じ込められた夫フロレスタンを、妻レオノーレが男装してフィデリオと名乗り、牢獄の番人に近づいて、夫を救い出すという「夫婦愛」を描いたものである。この作品にこれほど執着したのは、現実には愛が満たされなかったベートーヴェンが、このオペラの中に結婚へのあこがれを込めていたからであろうか。第二幕の最終場面における合唱の歌詞の中には次のような言葉がある。

合唱

一人のやさしい妻をかち得た者は（Wer ein holdes Weib errungen）
我らの歓喜に唱和しなさい！（Stimm' in unsern Jubel ein!）
夫を救出したことを
声高らかにほめ称えよう

この四行の歌詞はそのすぐあとでレオノーレの夫フロレスタンによっても繰り返されるとと

もに、さらにまた合唱で繰り返される。特に最初の二行はこのオペラのテーマであると言ってもよいであろう。
この二行をよく読んでみると、『第九』における合唱の歌詞、

一人のやさしい女性をかち得た者は（Wer ein holdes Weib errungen）
喜びの声に唱和しなさい！（Mische seinen Jubel ein!）

とよく似ていることが分かる。意味内容もほとんど同じである。ベートーヴェン自身も『フィデリオ』台本の改訂に携わっており、彼がすでにこのオペラの段階で『第九』におけるシラーの詩句を思い浮かべていたことは確かである。また第二幕のフィナーレで大臣フェルナンドが「兄弟は兄弟たちを探すもの」（Es sucht der Bruder seine Brüder）と二度にわたって繰り返す歌詞は、『第九』合唱の「すべての人間は兄弟となる」（Alle Menschen werden Brüder）の精神につながるものである。この『フィデリオ』は明らかに『第九』への芽生えを感じさせる作品であり、『フィデリオ』の夫婦愛はやがて『第九』においては人類愛へと高められることになるのである。

第二節　甥カールの問題

後見人をめぐっての裁判

こうしていよいよ『フィデリオ』から『第九』へと発展していくのであるが、しかし、その道のりはまた険しいものであった。とりわけ結核を患っていたベートーヴェンの弟カールが一八一五年十一月に四十二歳で亡くなってからは、その遺児である九歳の甥カールをめぐる問題で、ベートーヴェンは心身ともに疲れ果ててしまうのである。とりあえずベートーヴェンは甥を寄宿学校に入れて、自分がその親権者となるために裁判闘争を始めた。カールの母であり、弟の未亡人であるヨハンナを、犯罪歴のある悪妻であると申し立てて、その後見人から排除しようとしたのである。このようなやり方がベートーヴェンを、実の親子を引き離そうとする非情な男だと、周囲の人たちに思わせたに違いなく、その点でもかなり精神的に疲れたのではないだろうか。ヨハンナを訴えた裁判にはひとまず勝訴して、ベートーヴェンが甥カールの後見人となったものの、その後も裁判は繰り返された。この頃のベートーヴェンは、体調が優れず、また耳の障害も進んで、筆談のために「会話帳」を使い始めた。このような時期にやがて『第九』と取り組むことになるのである。『第九』はまさにありとあらゆる「苦しみ」を乗り越えて、やっとのことで成立するのである。

その後の甥カール

『第九』の成立については、このあと詳述するが、その前にその後の甥カールについて簡単に紹介しておくと、ベートーヴェンは一八二三年から甥カールを学者にしようとして大学に入れ、ギリシア語・ラテン語などを学ばせた。当時、大学に入れるのは、富裕層に限られていたが、ベートーヴェンはなんとか学費を作って甥を入学させた。しかし、伯父の期待は甥にとっては重荷に思われたようである。カールは自分は軍人になりたいと申し出たが、それは許されず、互いに妥協して商人になるための実業学校に転校した。しかし、カールは途中からの転校だったので、授業についていけずに、遊びほうけるようになる。それに対して伯父は甥を監視させたり、厳しい態度をとったので、二人の間には深い溝ができるばかりであった。そしてついに一八二六年八月六日には甥カールはピストルで自殺を図った。それは未遂に終わったが、この出来事がベートーヴェンに大きな打撃を与えた。甥が自殺を図ったのは、自分に責任があると思ったからである。一八二六年十二月から翌年三月末まではベートーヴェン自身も長い病床生活を余儀なくされたが、幸いにも近くに住むボン時代からの親友シュテファン・フォン・ブロイニングの家族による温かい配慮と介護を受けた。ブロイニングは最初はカールの後見人になることを断っていたが、ベートーヴェンの窮状を見かねて、それを引き受けてくれた。カールはブロイニングの手続きによって一八二七年一月二日から士官候補生としてイグラウ（現在のチェコ、イフラヴァ）の連隊に入ったのであった。ベートーヴェンはこのように私生活の面でも「苦悩」の連続だったのである。

第三節　『第九』の完成

『第九』の成立過程

『第九』完成前の話に戻ることにしよう。一八一二年のボヘミアへの旅行あたりからベートーヴェンの脳裏に浮かんでいたものが、いよいよ具体化し始めるのは、一八一七年であり、翌一八年には『第九』の第一楽章のアウトラインができていたと言われている。ところが、もう一つの大作『ミサ・ソレムニス』の作曲やピアノ・ソナタの最後の三曲（ブレンターノ・ソナタ）に取りかかったため、交響曲第九番の仕事は中断してしまうのである。

その『第九』の作曲にベートーヴェンが本格的に取りかかるのは、一八二二年十月である。『第九』の構想を抱いていた頃に、ちょうどロンドンのフィルハーモニック協会から新作交響曲の依頼が届いたのである。ベートーヴェンは『第九』作曲に着手するが、その終楽章をどのようなものにするかは最後まで迷っていたようである。『第九』はもともとは器楽のみによる交響曲として構想していて、合唱は次の第十交響曲に入れることを考えていたとも言われている。

しかし、最終的には第十交響曲に使う予定であったシラーの詩による合唱を『第九』の終楽章に転用することを決意して、仕上げに取りかかった。こうして一八二三年七月頃には依頼の交響曲はだいぶ仕上がっていたが、ベートーヴェンは体調を崩してしまい、バーデンで休養することを余儀なくされた。回復してウィーンに戻ってくるのは、十月になってからで、『第九』は翌二四年一月下旬についに完成するのである。

『第九』第四楽章の冒頭部分

こうして『第九』は苦心の末に完成したのであるが、出来上がったものは、これまでの交響曲には見られない合唱を取り入れたものであった。この合唱を取り入れるにあたっては、ベートーヴェンは第四楽章においてある工夫をした。それはどのようなものであったのであろうか。

宇宙の生成をイメージさせるような力強いドラマチックな第一楽章から始まって、飛び跳ねるような強靭《きょうじん》なリズムを伴った「史上初の打楽器のための協奏曲」とも言えるような第二楽章を経て、癒やしをもたらしてくれる静かな美しい第三楽章ののち、ついに「恐怖のファンファーレ」とともに第四楽章が始まる。ベートーヴェン『第九』は第四楽章で合唱を取り入れるという、これまでの交響曲にはないことを試みたので、さすがにベートーヴェン自身も器楽だけの第一楽章から第三楽章までの演奏ののち、いきなり合唱の楽章を続けるのはまずいと思ったのだろう。そこで巧みに第四楽章の冒頭部分でこれまでの三つの楽章の調べを回想しながら、それらを十分ではないと否定することによって、やっと自分の求めている調べを見つけたことを表現している。これは実際にベートーヴェンがスケッチ帳に器楽対話メモ（「レチタティーヴォ」）として書き込んでいたものである。[*1]

まず第四楽章冒頭のあの「恐怖のファンファーレ」が奏でられたところでは、一部不明の部分もあるが、「いや、この調べは我々の絶望を思い起こさせる。今日はお祝いの日なのだから、歓喜で祝おう」というようなことが書かれていた。次に第一楽章の調べが提示されるところでは、「いや、違う。これではない。ちょっと違う。私が求めているのは、もっと好ましいものだ」との説明書きが読み取られる。それから第二楽章の調べが回想されるところでは、「これも違う。おどけているだけだ」というような内容が書き込まれている。癒やしを思わせるような第三楽章の調べが奏でられるところでは、「これも違う。やさしすぎる。もっと快活なものを探さねばならない」というようなことが書かれている。そのあと「歓喜の歌」の出だしが奏でられて、初めて「これだ。とうとう見つけたぞ。私が自分で歌って聞かせよう」ということになるのである。この「歓喜の歌」はドレミファソの五つの音だけでできているシンプルなメロディである。しばらく「歓喜の歌」のメロディが奏でられたあと、バリトンによって「おお、友らよ、このような調べではない！　そうではなく、もっと心楽しい、もっと喜びにあふれた調べを歌おうではないか！」と続いて、合唱が始まるのである。すばらしい構成ではないだろうか。ベートーヴェンはこれまでの音楽を不十分なものと否定することによって、やっと合唱付きの第四楽章に辿り着いたのである。

「歓喜の歌」とその意味するもの

では、その第四楽章の「歓喜の歌」とはどういう内容のものであったのか。前の三つの楽章の調べを十分ではないと否定しながら、やっと見つけ出した「歓喜の歌」のメロディがしばらく奏でられたあと、再び「恐怖のファンファーレ」が鳴り響いてから、バリトンのソロで第四楽章の合唱部分が始まるのである。

①おお、友らよ、このような調べではない！　そうではなく、もっと心楽しい
もっと喜びにあふれた調べを歌おうではないか！

②歓喜よ、美しき神々の火花よ　楽園の乙女よ
我々は火に酔いしれて　神々しき者よ、汝の神殿に入る！

③時流が厳しく引き裂いたものを　汝の魔力は再び結びつけてくれる
汝のやさしい翼が広がるところでは　すべての人間が兄弟となるのだ

④一人の友の友になるという　大いなる企図が成就した者
一人のやさしい女性をかち得た者は　喜びの声に唱和しなさい！

⑤そうだ、ただ一人でもいいから　この地上で自分のものだと言える人は！
そしてそれができなかった者は　泣きながらこの集いから立ち去るがよい

⑥すべての生き物は喜びを　自然の乳房に触れて飲む
善き人もすべて、悪しき人もすべて　そのバラのような道を辿るのだ

⑦自然は我々に口づけとぶどうと　死の試練を経た一人の友を与えてくれた
快楽はウジ虫に与えられた　そしてケルビムが神の前に立つのだ！

⑧諸々の太陽が天体の壮麗な広野を通って　飛行するように、喜ばしげに
兄弟たちよ、汝らの道を進みなさい　英雄が勝利に向かうように、喜ばしげに！

⑨抱き合いなさい、数百万の人々よ！　この口づけを全世界に！
兄弟たちよ――星空の上には　一人のやさしい父が住み給うに違いない
⑩汝らはひれ伏すのか、数百万の人々よ？　世界よ、汝は創造者を予感するか？
星空の上に彼を探しなさい！　星の彼方には彼が住み給うに違いないのだ

合唱出だしの「おお、友らよ」の三行はベートーヴェン自身の言葉であり、それ以外はすべてシラーの詩であるが、「歓喜の歌」の真髄はこの三行の内容に尽きると言える。すなわち、ベートーヴェンは「おお、友らよ」と呼びかけて、「親愛なる紳士・淑女の皆様」といった堅苦しい挨拶ではなく、身分や地位の区別のない「仲間である聴衆」に向かって、新しい音楽の創造をめざして、これまでのような調べではなく、新しい「民衆のメロディ」を一緒に歌おうではないかとやさしく呼びかけているのである。

そのあとは順番を並べ替えているが、すべてシラーの詩の約三分の一を使いつつ、もはやベートーヴェンの言葉になっている。その意味内容を解釈すると、以下のとおりである。

「歓喜」を「美しき神々の火花」とか「楽園の乙女」とか「神々しき者」と言い換えていることからも分かるように、シラーやベートーヴェンの意味する「歓喜」とは、普通の喜びの意味よりも格段に上にある、理想郷から生まれた乙女のような「聖なる無限の至福」を意味している。「喜びの魔力」は時流によって鋭く引き裂かれたものを再び結びつけてくれる。歓喜のやさしい翼が広がるところでは、「すべての人間が仲間となる」のである。友人ややさしい女性をかち得た人は、そしてたった一人でもいいから友を見つけた人は、喜びの声に唱和し、それができなかった者はここから立ち去るがよいと主張している。

次の詩行は「すべて生きているものは、自然から喜びの恵みをもらう」ということを意味しており、続く詩行も、「口づけ」は癒やしや慰めを象徴し、ぶどう（の木）は、違う種類を接《つ》ぎ木で掛け合わせることで新しい種類を生み出すことから、象徴的に子孫の繁栄を意味しており[*2]、それらもまた、真の友人もすべて自然の恵みによるものであると、前節と同じことを繰り返している。

続く詩行では、快楽は下等なウジ虫に与えられるがいい、自らの心を高めたい者は、そのような下等な快楽を乗り越えなければならないということを主張し、そうすれば人間を超えた「ケルビム」（知と正義の天使）のような存在となり、神の前に立つことができると言っているのである。

そのあと「秩序正しい軌道を通って、自分の道を全力で規則正しく、確固たる意志をもって進みなさい」と続いてから、「抱き合いなさい、数百万の人々よ！」と、冒頭の「友ら」がここに至っては地球あるいは宇宙規模のものとなって、音楽も宇宙の広い星空を象徴するように壮大なものとなっている。「星空の上に神、世界の創造者を探しなさい。星空の彼方にはやさしい父（神）が住んでいるに違いない」となって、音楽は荘厳なものにまで高められるのである。

ベートーヴェンの「ヒューマニズムの完成」

シラーの詩に曲をつけたこの「歓喜の歌」は、今や人類にあてたベートーヴェンの言葉になっていると言える。交響曲の中に人間の声を用いるという困難な課題にあえて挑戦したのは、もはやオーケストラではもの足りなかったからである。当時ベートーヴェンの耳はほとんど聞こえなかったが、聞こえないことで創造のエネルギーが内に集中し、音楽はベートーヴェンの心を流れる音楽となり、彼の心の叫びとなった。従って、楽器だけではもはや補うことができず、あえて人間の声を必要としたのである。そして『第九』ではオーケストラが合唱の単なる伴奏にまわるのではなく、むしろ合唱を強化し、支持している。人間の声の参加によって、聴衆も思わず唱和したくなり、こうして聴衆はベートーヴェンが語りかけている共同体の中に自然と溶け込んでいくのである。ここには、今やあらゆる時代のあらゆる人間のさまざまな夢、希望、願い、祈りが流れ込んで、混ざり合っている。それは同じ感情によって動かされ、同じ目的に向かって進んでいく、いわば統一体のようなものである。ベートーヴェンの『第九』は詩と音楽と人間が一体となった「歓喜」の世界である。数々の「苦難」を乗り越え、克服したのちに初めて辿り着くことのできる理想の楽園である。ここに「すべての人間が仲間となる」

ベートーヴェンの理想の「歓喜の世界」がある。この『第九』完成によってベートーヴェンのヒューマニズムは完成したと言ってもよいであろう。

第四節　『第九』の初演と再演

『第九』総譜が完成すると、次にはいよいよその初演である。『第九』の初演については、特に会場や歌手たちの選出で紆余曲折を辿ったが、ついに一八二四年五月七日にケルントナートーア劇場で行われることになった。ベートーヴェンは「総指揮者」としてステージに立たねばならなかったが、そばには実際の指揮者としてミヒャエル・ウムラウフがおり、ベートーヴェンは開始の合図を出すだけであった。序曲『献堂式』作品124と『ミサ・ソレムニス（荘厳ミサ曲）ニ長調』作品123が終わると、最後は『第九』である（図1）。その一時間以上にも及ぶ長い交響曲が終わると、爆発的な拍手が起きているのに、ベートーヴェンはそれに気づかずに、いつまでも客席に背を向けていた。それに気がついたアルトのカロリーネ・ウンガーがベートーヴェンのそばへ行き、彼の袖を引っ張って、客席の方を向くようにと促した。拍手をしている聴衆を見て、ようやくベートーヴェンは客席にお辞儀したという「伝説」が残っている。聴衆はベートーヴェンの新しい音楽と初めての合唱に戸惑ったに違いないが、おそらくある程度は満足して会場を後にしたであろう。ベートーヴェン自身も終演直後は満足そうだった。しかし、その演奏会の入場料収入は思うように伸びずに、利益は見込みの二割程度にしかならなかったという。

　ベートーヴェンはあまり乗り気でなかったが、五月二十三日にホーフブルク宮殿のレドゥーテンザールで『第九』が再演された。心配されたとおり、客席は半分も埋まらずに大赤字となった。

図１　『第九』と同時に初演された『ミサ・ソレムニス』を書いているベートーヴェン（シュティーラーの油彩、1819～20年）

　演奏会では稼げないと分かると、ベートーヴェンとしては楽譜を出版して、収入を得るしかない。その楽譜の出版元についても数社の間でいろいろなことがあったが、結局のところ、マインツのショット社から『ミサ・ソレムニス』とともに『第九』の楽譜が出版されることになった。しかし、出版社と合意が成立しても、なかなかショット社から出版されなかった。ロンドンのフィルハーモニック協会と契約があったためだが、もう一つの理由は、献呈先が決まらなかったからである。当時は「印税」という考え方がなく、作品はベートーヴェンから王侯貴族に「献呈」され、その楽譜が出版されることでさらに収入を得るというビジネスモデルをベートーヴェンは確立していた。この『第九』の献呈先についてもまた数人の間でいろいろなことがあり、結局のところ、一八二六年三月二十八日にプロイセン王フリードリヒ・ヴィルヘルム三世に決まったのであった。そして八月二十六日にショット社から楽譜が出版された。その表紙には「シラー作の頌歌『歓喜に寄せて』を終末合唱にした、大オーケストラ、四声の独唱と四声の混声合唱のために作曲され、プロイセン王フリードリヒ・ヴィルヘルム三世陛下に最も深甚《しんじん》な畏敬をもってルートヴィヒ・ヴァン・ベートーヴェンによって献呈された交響曲、作品125」と書かれている（図2）。当時はまだ交響曲何番と呼ぶ習慣はなく、これが正式な『第九』の曲名だったのである。

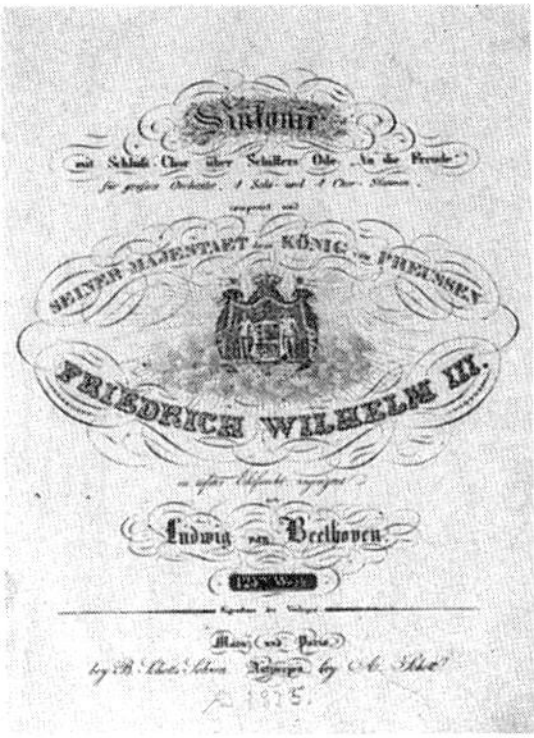

図2　『第九』楽譜初版の表紙

第五節　最後の弦楽四重奏曲

『第九』初演と再演後のベートーヴェンはかなり衰弱していたが、しかし、身体の不調と闘いながらも、「音による哲学的な瞑想の書」とも言われる最後の五曲の弦楽四重奏曲を書いている。

まず『弦楽四重奏曲第十二番変ホ長調』作品127であるが、弦楽四重奏曲としては第十一番「セリオーソ」以来、十数年ぶりの作曲である。そのきっかけとなったのは、ペテルブルクの音楽愛好家であるガリツィン侯爵（一七九五〜一八六六）から二曲ないし三曲の弦楽四重奏曲を書いてほしいとの依頼を受けたことである。その依頼は『第九』初演の年の一八二四年の暮れにあったと見られ、それを受けてベートーヴェンは第十二番に取りかかり、それを翌年の一八二五年二月に完成させた。この作品は同年三月六日にシュパンツィヒ弦楽四重奏団によってウィーンで初演された。献呈されたのは、もちろんガリツィン侯爵である。全体は四楽章から構成されており、これまでの弦楽四重奏曲とはまた異なり、熟し切った音楽的想念を語り綴っていくベートーヴェン後期作品特有の世界が展開されていくのである。

ガリツィン侯爵に献呈されたのは、この第十二番のほか、『第十三番変ロ長調』作品130と『第十五番イ短調』作品132であるが、これらは第十二番初演後に並行して作曲が進められ、一足先に第十五番の方が一八二五年七月に完成し、続いて同年十一月に第十三番が完成した。

初演も第十五番の方が先に一八二五年十一月六日にウィーンでシュパンツィヒ弦楽四重奏団によって行われた。全体は五楽章構成であり、モルト・アダージョでゆるやかに始まる第三楽章の冒頭では「病癒えた者の神に対する聖なる感謝の歌」と書かれ、そのあとテンポが少し速くなるアンダンテの部分に「新しき力を感じつつ」と書かれており、病気を克服して再び仕事に戻ることができた喜びと感謝の念が刻み込まれている。また第五楽章ではもともと第九交響曲の終楽章に取り入れる予定であった、力強く勢いのある、情熱に満ちた曲が用いられて、クライマックスをかたち作り、すばらしいフィナーレとなっている。

第十三番の初演は一八二六年三月二十一日に同じくウィーンでシュパンツィヒ弦楽四重奏団によって行われた。全体は六楽章構成となっており、とりわけ最後の第六楽章には長大なフーガを置いたかたちで完成されたが、一部から不評を買ったらしく、周囲の進言に従ってそのフーガに代わる新しいフィナーレが書かれた。元の第六楽章は弦楽四重奏のための『大フーガ』変ロ長調作品133として一八二七年に出版されて、ルドルフ大公に献呈された。

残りの二つのうち『第十四番嬰ハ短調』作品131は、一八二五年の暮れに着手され、翌二六年の夏に完成された。この作品は友人のヨハン・ネポムク・ヴォルフマイヤーに献呈する予定であったが、それを変更してシュトゥッターハイム男爵に献呈された。それは甥カールのことでたいへんお世話になった男爵への心からの感謝のしるしであったと言われている。なお、完成順に第十五番が全五楽章、第十三番が全六楽章構成であるが、この第十四番になると全七楽章となっており、しかもそれら全楽章は切れ目なく演奏される。ベートーヴェンの晩年の音楽的想念に最もふさわしい形式がここにあると言えよう。またこの第十四番はベートーヴェンの生前に演奏されることなく、初演は一八二八年十月に行われた。

最後の『弦楽四重奏曲第十六番ヘ長調』作品135は、一八二六年十月に完成され、ベートーヴェンの全作品の中でも最後の作品である。これまでの四つの弦楽四重奏曲と比べると、半分くらいの演奏時間で、最も小規模な作品で、再び四楽章構成に戻っている。第一楽章と第二楽章、そして第四楽章では晩年の作品とは思えないほど解放的な明るさ、透明さ、魂の舞踏を思わせるものがあり、それとは対照的に第三楽章では晩年特有の精神的厚みを示して重厚にのしかかってくるものがある。初演はベートーヴェン死去の翌一八二八年三月二十三日にウィーンで行われた。この作品は友人のヴォルフマイヤーに献呈された。

第六節　ヴェーゲラー夫妻との永遠の友情

これらの弦楽四重奏曲を書いている頃、ベートーヴェンはボン時代からの親友であるヴェーゲラーから久しぶりに懐かしい手紙をもらった。ヴェーゲラーは「ハイリゲンシュタットの遺書」を書く前にすでに難聴の苦しみを打ち明けていた親友であり、また一八〇二年にはボンのブロイニング家の長女エレオノーレと結婚して、一八〇七年からコブレンツで開業医をしていた。ベートーヴェンがブロイニング家の次男と一緒にヴァイオリンを習っていた、ボンの宮廷楽団のヴァイオリン奏者フランツ・リースの息子がウィーンへ行くことになったので、その息子に託した一八二五年十二月二十八日付の手紙であり、それには妻エレオノーレの手紙も添えられていた。その手紙はロマン・ロランの『ベートーヴェンの生涯』の中の「ベートーヴェンの手紙」に収められており、「永遠の友情」が感ぜられて、胸を打つものがある。

まずヴェーゲラーはボンから一度ウィーンへ出ていたが、そのウィーンを離れて二十八年になるものの、ベートーヴェンから長いこと手紙をもらっていないことは「よくないことだ」と訴えている。殊に今は互いに歳をとって、過去の思い出に生きることが楽しくなっているのだから、便りがないのはよくないことだと言うのである。少なくともヴェーゲラーにとっては、「子ども時代からの僕たち二人の付き合いと親密な友情とは生涯の非常に明るい一点であって、僕は満足の想いをもってその一点を振り返るのだ」と書いていることからも分かるように、ベートーヴェンと親友であったことを誇りに思い、ベートーヴェンを英雄のように尊敬しているのである。妻のエレオノーレと、そして今では自分の子どもたちと一緒にベートーヴェンのことについて話し合えるのは、実にうれしいことだとも言っている。そしてボンでのことを思い出しながら、ブロイニング邸はベートーヴェンにとっては、殊にベートーヴェンの立派な母が亡くなったのちは、本当の自家《うち》以上の自家だった、だから「悦びにつけ悲しみにつけ、僕たちのことを思い出しておくれ」と言ってから、「人間はたとえ君みたいに偉くなったとしても、全生涯の最大幸福は一度しかありえない、それは人間が子どもだった頃さ」と付け加えている。

このあたりを読むと、ヴェーゲラーは最近ベートーヴェンの身体があまりよくないことをどこかから聞き知ったのか、病床にありながらも、作曲に打ち込んでいるベートーヴェンに昔のことを思い出させながら、彼を勇気づけているようなところがある。

　そのあとヴェーゲラーは自分の近況をかなり詳しく報告している。それによると、ヴェーゲラーは一七九六年にウィーンから戻ってきてから数年間開業医としての診療だけで稼がねばならず、どうにか食べていけるだけの収入を得るようになるには数年かかった。その後有給教授の職を得て、一八〇二年にエレオノーレと結婚し、その翌年娘が生まれたが、今ではすっかり成人して、ベートーヴェン作のソナタを弾くことを何よりも好んでいるという。一八〇七年には男の子が生まれたが、今ではベルリンに行って、医学の勉強をしているようである。四年後にはウィーンに行かせるので、是非面倒を見てくれとも頼んでいる。自分はこの八月には六十歳になって、その誕生日には六十人ほどの友人知人たちが集まってくれたともいう。そして一八〇七年から今の所（コブレンツ）に住んでいることなどを書き連ねて、今度はベートーヴェンの方が僕たちに近況を報告してほしいと頼んだあと、是非ライン河畔にもう一度旅してほしいと懇願して、妻エレオノーレがよろしくと申していると伝えてから、手紙を終えている。

　妻エレオノーレの手紙も添えられており、その中でまずエレオノーレはベートーヴェンに一度ライン河と故郷の土地を見にきてほしいと誘い、そのときには大歓迎するつもりであることを述べている。そのあとでエレオノーレは娘のレーンヒェンがベートーヴェンの音楽のおかげでたくさんの楽しい時間を持つことができて、ベートーヴェンにとても感謝しており、ベートーヴェンについての話を聞くのをとても楽しみにしていることを書いている。ベルリンで医学を学んでいる息子のユーリウスも、やっと半年ほど前からチェロを習い始めたことを伝えるとともに、夫ヴェーゲラーはとりわけベートーヴェンの歌曲『奉献歌』WoO 126をピアノで弾くことに歓びを見出しているという。このように家族のことを書きながら、わが家ではベートーヴェンの話でもちきりなのだと伝えているのである。現在はこのように幸せに暮らしているが、しかし、苦しいときもあったようで、その手紙から幼いシャイトが亡くなったことが分かる。悲しいこともあったが、しかし、エレオノーレはその前にこう書いている。「一番苦しい時期でも、ほかの多くの人々に比べたら幸福に過ごしたと申さねばなりますまい。一番の幸福は、私どもが皆健康に暮らしていること、また、子どもたちが皆善良なことでございます」。最後に、「私たちのことをお忘れになりませんように」と書いてから、手紙を終えている。

ヴェーゲラーの手紙といい、妻エレオノーレの手紙といい、なんと親しみのこもった懐かしい手紙であろうか。ベートーヴェンを大いに喜ばせたことは、確かである。この懐かしい手紙に対してベートーヴェンはそれから十ヵ月も経った頃の一八二六年十月七日に、ようやく返事を書いている。

すぐに返事を書くつもりであったが、筆不精のせいで遅くなったようである。ただ「最も善い友人らは書かなくとも僕を知ってくれていると考えているためでもある」と言い訳をしている。ヴェーゲラーがいつでも自分に示してくれた友情については、ベートーヴェンもよく覚えていると伝えてから、そのあとはベートーヴェンらしく、「皆が別れ別れになったのは、自然の成り行きであった、つまり、各人がそれぞれの天職の目標を追い求め、それに達しようと努めなければならなかったからだ」と述べ、「ただし、永久に揺るがぬ確固たる善の原理が、依然として僕たちを結び合わせてきたのだ」という信念を吐露している。ヴェーゲラーの妻ロールヒェン（エレオノーレ）の影絵はいつでも手元に置いてあると書きながら、自分にとって貴く親しかったものは残らず今も大切にしていることを伝えている。

そのあと仕事の近況報告として、「たとえ一行なりといえども書かずして暮れる日は一日もなし」とはベートーヴェンの金言であるが、「この頃の僕は芸術の女神を眠らせている」と書いている。しかし、それもやがて「芸術の女神がそれだけいっそう強く目を覚ますためだ」として、音楽創造への情熱をも持ち続けているところが、これまたベートーヴェンらしいところである。ベートーヴェンは手紙をもっと長く書きたいようであるが、しかし、今は病の床について、長く書けないことを詫びながら、また書くことを約束して手紙を終えている。

その約束の手紙は、一八二七年二月一日付のヴェーゲラーの第二信を受け取ってから、同年二月十七日に書いている。ただその手紙はごく短いもので、「四度目の手術を受けたが、それについては医者は何も言わない」と書いたあと、「僕は我慢して考えている、あらゆる禍《わざわい》はしかし何かしらいい結果を持ってくるものだと」とベートーヴェンらしい信念を綴っている。もっと書きたいところだが、しかし、「弱りすぎている。僕はもう、君を――君と君のロールヒェンとを、心の中で抱擁することしかできない」と書いてから、その手紙を終えている。ベートーヴェンはそれから四十日ほどしてから他界してしまうのである。

ベートーヴェンが一七九二年に二度目のウィーン研修旅行に旅立つ際に、エレオノーレはヘルダーの言葉を贈っているが、まさにその「友情は善なるものとともに、夕べの影のごとく、人生の落日のときまで育つ」という言葉どおり、ヴェーゲラー夫妻とベートーヴェンの間の友情は人生の落日まで続いたのであり、否、三人が交わした手紙によって「不滅の友情」となったのである。ロマン・ロランもこの三者の友情に感動して、それを自分の著書の中に取り入れたのであろう。ベートーヴェンは決して「孤独な音楽家」ではなく、「善に満ちた友人に恵まれた人間」だったのである。

第七節　ベートーヴェンの臨終

『第九』初演と再演後のベートーヴェンはかなり衰弱していたが、しかし、身体の不調と闘いながら、「音による哲学的な瞑想の書」とも言われる最後の五曲の弦楽四重奏曲を書き続けたあと、一八二七年三月には病状が悪化して危篤状態に陥る。

当時ワイマールの宮廷楽長だった親友のフンメルは、ベートーヴェンの危篤の報を聞き知ると、妻エリーザベトと十五歳の息子ヒラーを連れてその病床に駆けつけた。フンメルは青春時代にピアノの名手としてベートーヴェンと競い合った仲であった。そしてその妻エリーザベトは、すでに述べたように、ベートーヴェンが『エリーゼのために』を贈った人[*3]である。ベートーヴェンはフンメルを見ると立ち上がって、うれしそうに抱擁を交わしたという。少年ヒラーには「芸術は休みなく後世に伝えてゆかなければならないものだ」と言って、少年を励ました。ベートーヴェンは若者を励ますことでもって最後まで芸術に生きた人間であったと言えよう。

　病床のベートーヴェンを見舞ったのは、フンメル家族だけではなかった。ボン時代から親しい付き合いが続いているシュテファン・フォン・ブロイニングも、ひんぱんにベートーヴェンを見舞ったが、ベートーヴェンは彼の十三歳になる息子ゲルハルトには何度も癒やされたようである。生涯独身であったがゆえに、なおさらいっそう親友の息子の訪問がうれしかったのかもしれない。臨終が近いことを知ったブロイニング、シンドラー、弟ヨハンは、ベートーヴェンに遺言的な文書のすべてに必要な署名をさせたが、そのあとでベートーヴェンはローマ古典劇の終幕の常套句「喝采を、諸君、芝居は終わった！」と言ったという有名な話が伝えられている。その言葉の中には、自分の生涯を一つの芝居と見て、その芝居の中で自分に課せられた使命をやり遂げることができたという達成感が込められていたのではあるまいか。

　そして一八二七年三月二十六日にベートーヴェンはついに臨終を迎えたのである。その日は朝から荒れ模様だったという。夕方、空一面が黒雲に覆われたかと思うと、激しい雷鳴がとどろき、雪とあられを交えた風が街中を吹き荒れた。ベートーヴェンは腕を高く上げたと伝えられているが、そのときベートーヴェンの脳の中では最後の交響曲が鳴り響いたのかもしれない。やがてその手をベッドの上に下ろしたとき、両眼も閉ざされて、息を引き取ったのであった。五十六歳三ヵ月の生涯であった。この上ない幸福に満たされた最期であった。

葬儀は親友のシュテファン・フォン・ブロイニングが取り仕切ったが、三万人ものウィーン市民がベートーヴェンの葬儀に参列したという。ベートーヴェンというと、これまでのベートーヴェン評伝の影響からか、どうしても「孤独な音楽家」というイメージが強いが、しかし、心から話し合える生涯の付き合いとなった友も多く、決して孤独ではなかったのではないか。彼はその意味でも幸せな栄光に包まれた音楽家だったのである。

図3 ウィーン中央墓地にあるベートーヴェンの墓（著者撮影）

ベートーヴェンの遺体はヴェーリング墓地に埋葬されたが、一八八八年に多くの著名な作曲家が眠るウィーン中央墓地へ移されて、現在に至っている（図3）。

第八節　ワーグナーとその後の『第九』演奏史

ワーグナーの功績

ベートーヴェンの死はこうして多くの人々から惜しまれたものの、彼の苦悩の果てに生まれ出た歓喜の『第九』は、一時間以上にも及ぶ作品であり、また演奏するのに難解な曲でもあったことなどから、初演・再演後はベートーヴェンの生前にも死後にもウィーンではもはや演奏されることはなかった。ほかの都市では演奏されることもあったが、一部の楽章が省略されたり、楽章の間に別の曲が演奏されたりで、本来の『第九』の演奏とは言えないものであった。そのうちフランソワ＝アントワーヌ・アブネック（一七八一〜一八四九）率いるパリ音楽院管弦楽団（のちのフランス国立パリ管弦楽団）や、ライプツィヒ・ゲヴァントハウス管弦楽団の楽長メンデルスゾーンによって『第九』の評価がだんだんと高まっていくものの、その二人が他界してしまうと、『第九』は得体の知れない長い難曲として、その真髄が理解されないまま埋もれてしまうのではないかと危惧《きぐ》された。

そのような中、『第九』の真髄を後世に伝えたのがリヒャルト・ワーグナー（一八一三〜八三、図4）である。ワーグナーは少年時代にまず楽譜で『第九』に出会い、徹底的に研究してピアノ版まで作った人物である。リガから逃れてパリに出て、そこで苦難の日々を送っていたとき、アブネック指揮の『第九』で初めてその真髄に触れて、『第九』は彼にとって特別なものとなった。パリを引き上げて故国ドイツのドレスデンに帰って、一八四六年には初めて『第九』を指揮することができ、大成功を収めた。このときワーグナーは『第九』のあらすじを文豪ゲーテの大作『ファウスト』を用いて解説した[*4]のが功を奏した。第一楽章は「幸せを求める人々と、それを妨げようとする暴力との戦い」であり、第二楽章では「新しい世界で絶望に追い込まれながらも、人々は幸せを求めて絶え間なく努力する」と説明し、第三楽章の音楽は「傷ついた人々の苦しみを和らげ、天国のように穏やかに包み込む」、そして第四楽章は「人々は幸せになろうと、歓喜の声を上げて、地球上が歓喜に満ちる」と解釈したのである。ゲーテの『ファウスト』にあて嵌《は》めて『第九』のあらすじを説明したのは、ワーグナーが初めてである。ベートーヴェンが『第九』を作曲する際にゲーテの『ファウスト』を頭に描いていたという形跡はないが、ワーグナーの大胆な試みは成功した。

図4　ワーグナー

ワーグナーもベートーヴェンと同様に常に新しいことを試みる音楽家だったのである。

それ以降もワーグナーの頭の中はベートーヴェンの『第九』が生き続け、ベートーヴェン生誕百年の一八七〇年には大論文『ベートーヴェン』[*5]を書いて、偉大な音楽家ベートーヴェンをほめ称えた。

また一八七四年には畢生《ひっせい》の大作である楽劇『ニーベルングの指環』四部作が完成し、それを上演するためのバイロイト祝祭劇場を建設する際、その定礎式の日にはベートーヴェンの『第九』をワーグナー自らの指揮で演奏した。

ワーグナー没後にも、記念すべき年にはそのバイロイト祝祭劇場でベートーヴェン『第九』が演奏されており、また第二次世界大戦後の一九五一年にバイロイト音楽祭が復活したときには、そのオープニング・イベントとしてフルトヴェングラー指揮によって特別に『第九』が演奏された。その後も『第九』はバイロイト祝祭劇場にとって特別な存在で、現在にまで至っているのである。

その後の『第九』

(1)劇場再建・落成の『第九』

第二次世界大戦で破壊された劇場が戦後に再建あるいは新設されたとき、『第九』が演奏されたのは、バイロイト祝祭劇場だけではなかった。ウィーン国立歌劇場は一九五五年十一月五日に再開となったが、その際に二十日間続いた再開記念公演では、十一月十三日にブルーノ・ワルター指揮でウィーン・フィルハーモニー管弦楽団によって『第九』が演奏された。

またベルリンでは一九六三年十月に待望のベルリン・フィルハーモニー・ホールが落成し、オープニングセレモニーが行われた十月十五日の夜のコンサートではヘルベルト・フォン・カラヤン指揮で『第九』が演奏された。このカラヤン率いるベルリン・フィルハーモニーは、ベートーヴェン生誕二百年の一九七〇年には、春にウィーンで、秋にはボンで『第九』を演奏し、そして本拠地のベルリンでは大晦日に『第九』を演奏したが、翌日のニューイヤー・コンサートでも『第九』を演奏した。『第九』は世界の劇場でも特別な存在であることが理解できよう。

(2)EUの歌

『第九』の「歓喜の歌」は「EUの歌」にもなっている。そもそもこれは一九五五年に汎欧州運動の主宰者リヒャルト・クーデンホーフ＝カレルギーによって欧州を象徴する楽曲として提言されていたものであるが、この提言を一九七一年に欧州評議会の議員会議が取り上げて、「歓喜の歌」を「欧州の歌」として採択するよう提案することを決定した。これを受けて翌一九七二年に閣僚委員会が「歓喜の歌」を「欧州の歌」とすることを公式に発表し、その編曲をカラヤンに依頼した。こうして交響楽、吹奏楽、ピアノ独奏に編曲されたカラヤン指揮による「歓喜の歌」が、一九八五年に欧州共同体（EC）の加盟国首脳によって「共同体の歌」として採択された。そして一九九二年に欧州共同体が今日の欧州連合（EU）に改組・発展すると、それ以来その「歓喜の歌」が「EUの歌」としても継承されているのである。「EUの歌」はメロディだけのもので、その音楽がヨーロッパ共通の言語となり、ヨーロッパの自由と団結を表現しているのである。

(3)ベルリンの壁崩壊

また一九八九年十一月九日にベルリンの壁が崩壊したときも、レナード・バーンスタイン指揮により「歓喜（Freude）」を「自由（Freiheit）」に替えて『第九』が演奏され、翌年の一九九〇年十月三日のドイツ再統一記念式典の際にも、統一の立役者とも言うべきクルト・マズアの指揮によりライプツィヒ・ゲヴァントハウス管弦楽団によって『第九』が演奏された。「時流が厳しく引き裂いたものを、汝（歓喜）の魔力は再び結びつけてくれる」というシラーの詩が、まさにこの瞬間に実現されたのである。

ベルリンの壁崩壊二十周年を迎えたときにも、そのマズア指揮により日本で『第九』の演奏会が開かれている。マズアはドイツ大統領候補にもなったと言われているが、政治ではなく、音楽で世界の平和に貢献する道を選び、若い音楽家たちを育てることにも力を注いでいる。マズアは若い音楽家たちにテクニックを教えるのではなく、オーケストラと「呼吸する」ことが重要であることを教えている。尊敬に値する指揮者である。

(4)長野冬季オリンピック

また一九九八年の長野冬季オリンピックの開会式では小澤征爾指揮により「歓喜の歌」が合

唱された。長野県県民文化会館のオーケストラの演奏に合わせて、アジアが北京の紫禁城《しきんじょう》、オーストラリアがシドニーのオペラハウス前、ヨーロッパがベルリンのブランデンブルク門、アフリカがケープタウン近くの喜望峰、アメリカがニューヨークの国連本部に、それぞれ合唱団が配置されるという、まさに地球規模の壮大なスケールの合唱である。衛星回線によって生じるタイムラグも最新の高度な技術によって克服されて、世界五大陸と長野を結んだ合唱がついに実現し、世界はまさに一つになったのである。

(5)東日本大震災チャリティコンサート

オリンピックという晴れやかな行事のときだけではなく、逆に災害に見舞われたときにも『第九』が演奏された。二〇一一年三月十一日に東日本で大地震が起こったときにも、四月十日には東京文化会館において「東日本大震災チャリティコンサート」として急遽《きゅうきょ》ズービン・メータ指揮により『第九』が演奏された。放射能汚染を恐れて外国人演奏家たちが来日するのを拒む中で、日本人を励ますためにタクトを振ったズービン・メータには拍手喝采が長く続いたという。『第九』は「歓喜の歌」であると同時に、「追悼の曲」でもあり、被災から立ち上がる勇気を与えてくれたのも、『第九』だったのである。

聴く『第九』から歌う『第九』へ

このようにとりわけ日本では今や聴く『第九』から歌う『第九』になっているといってもよ

図5　なると『第九』第一回演奏会（写真提供：鳴門市役所）

いであろう。そしてこの歌う『第九』ブームは、一九六〇年頃からだんだんと高まっていって、ベートーヴェン『第九』日本初演の地の徳島県鳴門市では一九八二年より毎年『第九』演奏会が行われている[*6]（図5）。それを皮切りに現在では日本各地で『第九』演奏会が行われている。この『第九』ブームは、新型コロナウイルス蔓延の二〇二〇年は例外として、現在ではその頂点に達しているのではあるまいか。年末だけでも『第九』を歌っている人は二十万人を超えるとも言われている。通年で見れば、その数はもっと多くなるはずである。

なぜこのように『第九』は歌う『第九』として人気があるのか。その理由の一つには「歓喜の歌」のメロディがきわめて簡単で、誰もが簡単に口ずさめることが挙げられよう。まさにベートーヴェンはこの「誰にも親しまれるメロディ」をめざしていたのであり、このメロディによって「一緒に歌うところでは、すべての人間が仲間となる」というシラーの詩に込められた理想の世界が目の前で実現されることとなったのである。さらに「抱き合いなさい、数百万の人々よ！」と声を合わせる箇所では、とりわけその音楽が荘厳であり、その詩の内容とともにその合唱に、聴く人も歌う人も、そして演奏する人も皆感動しないではいられない。『第九』は災害や歴史的な出来事のときにも「鎮魂」の意味を込めて演奏されてきたことを先にも述べたが、そのような荘厳さを併せ持っているところにも人気の秘密があるのではないか。皆で一緒に合唱するときだけではなく、何かに直面したときに「皆で励まし合い、一つになれる」ことを示唆するメロディに人々は感動するのである。『第九』の音楽は世界共通のいわば「言語」であり、そのメロディから「友愛」を感じ取ることができる。『第九』はまさに「友愛の歌」であり、世界が一つになれるメロディを含んでいる。『第九』を歌い、『第九』に接することで、世界は一つになれるのであり、『第九』は今や世界の人々が一つになれるという「世界平和」のシンボルとなっている。「人間ベートーヴェン」の精神は現代社会にも生き続けていると言ってもよいであろう。

人間ベートーヴェンと現代社会

二〇二〇年にベートーヴェン生誕二百五十年を経た機会に、「人間ベートーヴェン」の生涯を辿ってきたが、振り返ってみるに、ベートーヴェンの生涯は「苦悩」の連続であった。しかし、その苦悩の中でも常にベートーヴェンは「新しいもの」「より高いもの」を求めていた。

それは『第九』第四楽章の合唱出だし部分の「おお、友らよ、このような調べではない！そうではなく、もっと心楽しい、もっと喜びにあふれた調べを歌おうではないか！」に集約される。最後に確信を持ってつかみ取った、あの「歓喜の歌」の誰もが口ずさむことのできる簡単なメロディだったのである。「人生は闘争ではない、また激しい熱狂に身をまかすことでもない、そしてまた愛の恍惚に酔うことでもない、最も大切なのは、世界の人々が同胞愛によって歓びの世界を作り出すことである」[*7]。ここに「人間ベートーヴェン」の苦悩から生まれた世界への祈りがある。同時に後世の人々に向けられたベートーヴェンのメッセージも読み取られる。

ややもすればほしい物を何不自由なく手にすることができる、便利な現代社会に暮らす私たちにとって大切なのは、ベートーヴェンのように苦境にあっても何かに打ち込む真の意味での「情熱」（Leidenschaft）を持つことではないだろうか。「情熱」の言葉の中の leiden とは「苦しむ」の意味であり、「苦しみ」ながらも一つのことに専念するところに真の意味での「情熱」があるのではないか。ＩＣＴ（情報通信技術）の発展によりたいへん便利になった現代社会に住む私たちは、すぐに楽なものに飛びつくことが多くなったような気がする。目に見える成果ばかりを求めて、「苦労する」（leiden）という基本を忘れているような気がする。

喩《たと》えて言えば、私たちは温室で咲く美しい花を求める傾向がある。確かに温室なら花はすくすくと育ち、きれいに咲く。しかし、寒い冬の間、戸外でじっと寒さに耐えながら春が来るのを待ち続けて、春が来ると、一気に花を咲かせる、そういう花はきれいな上に、強さがある。

私たちが求めるのは、そのような美しさの上にも強さがそなわったものであるべきである。「真の歓喜」はやはり苦しみを乗り越えてこそあるのである。寒い戸外の氷の下からでも芽を出そうと必死に努力することが、現代の私たちに求められているのではあるまいか。「人間ベートーヴェン」からは教えられることが多い。否、教えられるのではなく、学び取ろうとする姿勢が肝要である。「人間ベートーヴェン」からは学び取るものが多いのである。

終章　「人間ベートーヴェン」の真髄

ベートーヴェンの音楽家としての成長にはいくつかの節目があり、その節目ごとにベートーヴェンはそれぞれの苦難を乗り越えて、音楽家としてのみならず、その前提である「人間」としても大きな成長を遂げていることが明らかである。しかもその「人間的成長」の根底にある「苦悩」は数々の名曲誕生とも結びついている。ここで全体を振り返りながら、不屈の精神を持ち合わせた「人間ベートーヴェン」の真髄をまとめることにしよう。

まず最初の節目は、ボンでの少年時代に最良の師ネーフェに出会ったことである。それまでの音楽的伝統を尊重しながらも、その伝統形式の枠を乗り越えて、人間精神に根ざした思想や哲学を斬新な感情表現によって音楽化しようとするネーフェに師事したことで、ベートーヴェンはめきめきと力をつけて、自らの進むべき道を切り拓《ひら》くことができたのである。それと同時にとりわけブロイニング邸でさまざまな人と出会い、その人たちとの触れ合いから内面的に成長するとともに、読書を通じて教養を高めていったことで、のちに作曲家として大成するしっかりした基盤が出来上がったと言ってもよいであろう。

次の節目は、ロンドンから帰る途中でボンに立ち寄ったハイドンに弟子入りを認められ、一七九二年に音楽の都ウィーンに出たことである。ハイドンをはじめ、さまざまな師についてさらに研鑽《けんさん》を積んで、一七九五年にまずはピアニストとして、やがて作曲家としてデビューを飾ったのである。それにはカール・リヒノフスキー侯爵をはじめとする、ウィーンでの音楽愛好家たちに出会ったことも忘れてはならない。彼ら音楽愛好家たちの庇護のもとでベートーヴェンの評判は広まっていった。ウィーンに来て最初の十年間には、本書巻末に掲載した付録3の作品一覧からも分かるように、ピアノ曲を中心として実にたくさんの作品が作られた。自らの感情を音楽で表現し、芸術の域にまで高めて、独自の道を切り拓いたところに、ベートーヴェンの特徴がある。作曲家として輝かしいスタートを切ったと言えよう。しかし、その華々しいデビューの陰でベートーヴェンには一つ気になることがあった。一七九六年あたりから難聴の兆しが少しずつ見られるようになったのである。難聴は音楽家にとっては致命的なことである。この頃よりだんだんと人と交わることを避けるようになり、そのわけも知られずに「付き合いの悪い奴だ」と他人に誤解されることが、さらに彼を苦しめた。しかし、ベートーヴェンはその苦しみを音楽作品の中へ昇華させていった。そのような苦しみの中で一七九七〜九八年に作曲したピアノ・ソナタ第八番「悲愴」は、とりわけその頃の作品の中でも名曲中の名曲であろう。悲愴感に打ちひしがれながらも、独自の音楽の道を切り拓いていこうとする強い熱意がひしひしと伝わってくる。そのあとピアノ・ソナタ第十四番「月光」や第十五番「田園」そして第十七番「テンペスト」などが続く。苦しみをバネとして独自の音楽世界を深めていくところに、ベートーヴェンの偉大さがある。

第三の節目は「ハイリゲンシュタットの遺書」を書いたことである。ここでベートーヴェンの音楽にさらに磨きがかかったと言える。医者の勧めに従ってベートーヴェンは「静寂による回復」を期待して、一八〇二年五月にウィーン郊外のハイリゲンシュットへ出かけるが、しかし、そこに半年滞在しても難聴は一向に回復に向かわない。絶望の極みの中でベートーヴェンは二人の弟にあてて「遺書」を書くのである。以前と違って引きこもることが多くなっているその本当の理由も知られずに、自分が誤解される不幸が、自分を二重に苦しめるのだと、心の内を打ち明けるのである。このような不幸に見舞われて、もう少しで自らの命を絶つところであったが、しかし、それを思いとどまらせたのが、芸術への情熱であった。その頃のベートーヴェンの中にはさまざまな音楽的着想が次から次へと湧き出ていたのであろう。それらを音楽化するのが自分に課せられた使命であり、その使命をすべて終えてからでなければ、自分は死ぬわけにはいかないと、その苦難を逆に音楽に対する情熱へと転換させたのである。難聴という致命的な危機に直面することで、はっきりと音楽家としての使命に目覚めたと言ってもよいであろう。悲惨な人生を耐え忍びながらも、それを克服することによって新しい音楽の道を切り拓いていくことが、自分のこれからの指針でなければならないと決意したのである。従って、この「ハイリゲンシュタットの遺書」はいわゆる「遺書」ではなく、「新しい音楽創造への熱い意志の表明」と言うべきものである。事実、この「遺書」を書いてからのベートーヴェンの音楽には著しい発展が見られる。一八〇五年に完成した交響曲第三番「英雄」がその最たるものであろう。モーツァルトやハイドンの影響が見られたそれまでの交響曲とはまったく異なって、ベートーヴェン独自の道が切り拓かれていて、一段と飛躍していることがよく分かる。翌〇六年には名曲ヴァイオリン協奏曲も出来れば、二年後の〇八年には交響曲第五番「運命」と第六番「田園」も同時に初演を迎える。そのほかピアノ協奏曲では第三番（一八〇三年初演）と第四番（一八〇八年初演）のあと、一八一一年には名曲中の名曲第五番「皇帝」が初演されている。「ハイリゲンシュタットの遺書」を書いてから約十年間には、実にたくさんの名曲が生まれている。これも「遺書」を書くことによって、ベートーヴェンの中に芽生えた「芸術への情熱」のなせる業《わざ》である。

またこの十年間には、本論で述べたように、ベートーヴェンはたくさんの女性に求愛したが、身分違いからそれらの夢はことごとく打ち破られて、難聴の苦しみに加えて恋愛の面でもどん底に落とされてしまう。しかし、その恋の苦しみも音楽の中に昇華させることで、逆に新しい道を切り拓くことができた。

そのベートーヴェンの恋愛の中でも最も苦しくて、今まで経験したことがないようなどん底に追い詰められたのが、〝「不滅の恋人」への手紙〟を書いた女性との恋愛であろう。これが第四の節目で、ベートーヴェンの人生の中でも決定的な転機となる。この「不滅の恋人」アントーニア・ブレンターノとの恋愛の影響が交響曲第七番と第八番の中に見られるが、しかし、一八一二年秋にはその愛も破綻を迎える。その破綻からベートーヴェンはこれまた一つの転機となった『日記』を書き始めることによって、その苦しみを克服するとともに、「諦念」という一つの信念に到達することができた。「諦念」とは単にあきらめることではない。「諦念」とは自らの限界を自覚し、自らの運命を受け入れた上で積極的に「あきらめ」の決断をすることである。ベートーヴェンは自分の利己的な幸せを断念し、アントーニアとその家族の幸せをひたすら祈ることを決断したのである。ベートーヴェンは恋愛という個人的な情念から出発して、難聴という運命はもとより、身分違いという運命の苦しみに鍛えられながらも、それらに打ち勝つことによって、ついには自分の限界を越えて、真の意味での普遍的な人間へと脱皮していったのである。その「内面的な成長」を音楽化したものが、歌曲『恋人へ』と連作歌曲『遥かなる恋人へ』であり、最後のピアノ・ソナタ三作品のいわゆる「ブレンターノ・ソナタ」やアントーニアに献呈した作品などである。彼の「恋」もまた一度は「破綻」を迎えても、それを乗り越えて、「家族的友愛」に高められて「不滅」なものとなっている。ベートーヴェンは自らの不運な恋を音楽化して「不滅」のものへと高め昇華させていった「不滅の愛の音楽家」だったのである。

「不滅の恋人」アントーニアとの恋愛とその破綻から得たベートーヴェンの「内面的な成長」は、そのまま交響曲第九番の成立過程と重なる。『第九』完成が最後の第五の節目であり、これでもってベートーヴェンのヒューマニズムは完成したと言えよう。とりわけ第四楽章の「歓喜の歌」はシラーの詩『歓喜に寄せて』の一部を借りてはいるが、これはもはやベートーヴェンの詩になってしまっている。それは今や人類にあてたベートーヴェンの言葉である。ベートーヴェンの耳は難聴のためにほとんど聞こえなかったが、しかし、聞こえないことで創造のエネルギーが内に集中して、音楽はベートーヴェンの心の中を流れる音楽となり、彼の心の叫びとなった。その音楽は地球上を越えて、今や宇宙の中を駆けまわり、宇宙と一体になっている。「抱き合いなさい、数百万の人々よ！　この口づけを全世界に！　兄弟たちよ――星空の上には、一人のやさしい父が住み給うに違いない」という詩とベートーヴェンの音楽と合唱がともに鳴り響くとき、『第九』は詩と音楽と人間が一体となった「歓喜の世界」である。数々の「苦難」を乗り越え、克服したのちに初めて辿り着くことのできる理想の楽園である。こうしてベートーヴェンはさまざまな「苦難」を克服することで、自分の限界を越えて、真の意味での普遍的な人間へと脱皮して、さらにはこのように星々の彼方に至る宇宙的な視野を獲得していったのである。音楽が暗いままで終わることがなく、最終的には希望に満ちているところに、「人間ベートーヴェン」の不屈の精神が生み出した「苦悩から歓喜へ」の音楽の言い知れぬ魅力がある。いかなる「苦悩」も「歓喜」へのエネルギーに代えて、個人的なレベルを超えて、普遍的な宇宙的なレベルにまで自らを高めていったところに、「不屈の精神」を持ち合わせた「人間ベートーヴェン」の真髄があると結論づけることができるであろう。

第一章　注

＊1　この借家に一家が住んだのは、一七六七年からベートーヴェン四歳の一七七四年までであり、その後何度か引っ越しを繰り返して、一七八九年から最後の五年間はヴェンツェルガッセの借家に住んでいる。ベートーヴェンはウィーンへ移住してからも引っ越しを繰り返すことになるのであり、引っ越しの生涯でもあったと言える。

＊2　このエピソードについては、青木やよひ『ベートーヴェンの生涯』平凡社ライブラリー、四一〜四二ページを参照した。

＊3　本書でベートーヴェンの手紙の翻訳を引用する際には、小松雄一郎訳『改訂増補版　ベートーヴェン書簡集』岩波文庫（一九八二年）を使用した。『新編ベートーヴェンの手紙』上・下、岩波文庫（一九五七年）にも掲載されている手紙については、新訳を併用した部分もある。なお、本書全体に統一性をもたせるために、ひらがなを漢字に、逆に漢字をひらがなに直したところがあることをお断りしておく。

＊4　以下、ベートーヴェンの作品が作曲された年代や初演および献呈者等については、作曲家別名曲解説ライブラリー『ベートーヴェン』音楽之友社に拠り、作品解説についても参照したことが多いことを付記しておく。

＊5　青木やよひ『ゲーテとベートーヴェン』平凡社新書、六七ページ。

＊6　平野昭『作曲家◎人と作品　ベートーヴェン』音楽之友社、二七ページ。

＊7　青木やよひ『ベートーヴェンの生涯』六〇ページ。
＊8　翻訳にあたっては、Ludwig Bellermann（Hrsg.）: *Shillers Werke. Erster Band.* Leipzig und Wien Bibliographisches Institut. を使用した。
＊9　平野昭『カラー版作曲家の生涯　ベートーヴェン』新潮文庫、三一ページ。

第二章

＊1　ブルク劇場はオーストリア女帝マリア・テレージアによって一七四一年に宮城に隣接する舞踏館に宮廷劇場として創立された。現在のリング通り沿いの位置には、一八八八年に新設されたが、第二次世界大戦中に破壊され、一九五五年に再建された。
＊2　作曲家別名曲解説ライブラリー『ベートーヴェン』三八八ページ。
＊3　以下、ベートーヴェンをめぐる女性についてまとめるにあたっては、青木やよひ『決定版　ベートーヴェン〈不滅の恋人〉の探究』平凡社ライブラリー、五一～一一三ページを参照した。
＊4　平野昭『ベートーヴェン』音楽之友社、五五ページ。
＊5　J・シュミット＝ゲールグ（属啓成訳）『ベートーヴェンの恋文――新たに発見されたダイム伯夫人への十三通』音楽之友社。なお、以下をまとめるにあたっては、青木やよひ『ベートーヴェン〈不滅の恋人〉の探究』、九一～九九ページを参照した。
＊6　青木やよひ『ベートーヴェン〈不滅の恋人〉の探究』六三ページ。
＊7　ロマン・ロラン（片山敏彦訳）『ベートーヴェンの生涯』岩波文庫、四一～四二ページおよび三木原浩史『ロマン・ロラン著　三つの「英雄の生涯」を読む』六四～六五ページ。

＊8　ロマン・ロラン（片山敏彦訳）『ベートーヴェンの生涯』三七〜四二ページ。
＊9　青木やよひ『ベートーヴェンの生涯』一六三ページ。
＊10　青木やよひ『ゲーテとベートーヴェン』四七〜四八ページおよび平野昭『ベートーヴェン』音楽之友社、一一七ページ。
＊11　ゲーテにあてたこのベッティーナの手紙は、九日後のゲーテの返書とともに、小松雄一郎訳『ベートーヴェン書簡集』一一二〜一一八ページに掲載されている。

第三章

＊1　翻訳にあたっては、Hedwig M. von Asow（Hrsg.）：*Ludwig van Beethoven : Heiligenstädter Testament Faksimile*, Verlag Doblinger (Erweiterte Neuauflage), Wien-München 1992 を使用し、同書に掲載の今井顕訳およびロマン・ロラン（片山敏彦訳）『ベートーヴェンの生涯』（岩波文庫）を参照した。
＊2　ロマン・ロラン（片山敏彦訳）『ベートーヴェンの生涯』三三ページ。
＊3　大築邦雄『ベートーヴェン』音楽之友社、一三四ページおよび諸井三郎『ベートーベン』新潮文庫、一一四ページ。
＊4　このバレエ音楽『プロメテウスの創造物』（一八〇〇年）終曲のテーマは交響曲第三番「英雄」第四楽章（一八〇三〜〇四年）に使われているだけではなく、一八〇〇年前後に作曲の『十二のコントルダンス』WoO14の第七曲や一八〇二年作曲の『十五の変奏曲とフーガ（エロイカ変奏曲）』作品35の主題にも用いられている。ベートーヴェンのお気に入りのメロディであったと思われる。

＊5　フルトヴェングラー指揮「ベートーヴェン交響曲全集」での門馬直美による解説書、一五ページ、および大築邦雄『ベートーヴェン』一三五ページ。
＊6　大築邦雄『ベートーヴェン』一三五ページ。
＊7　諸井三郎『ベートーヴェン』一三五ページ。
＊8　門馬直美による解説書、一八ページ。
＊9　諸井三郎『ベートーヴェン』一三九ページ。
＊10　門馬直美による解説書、三二～三三ページ。
＊11　ロマン・ロラン（片山敏彦訳）『ベートーヴェンの生涯』一三六ページ。

第四章

＊1　諸井三郎『ベートーヴェン』一七四ページおよび二四〇ページ。
＊2　翻訳にあたっては、Sieghard Brandenburg（Hrsg.）: *Beethoven Der Brief an die Unsterbliche Geliebte.* Verlag Beethoven-Haus, Bonn 2001. を使用し、同書に掲載の仁科陽江訳および武田昭訳（ソシエタス・プロ・ムジカ）を参照した。
＊3　以下、その探究の歴史をまとめるにあたっては、J・シュミット＝ゲールグ（属啓成訳）『ベートーヴェンの恋文』巻末に掲載の訳者による解説および青木やよひ『決定版　ベートーヴェン〈不滅の恋人〉の探究』一一～五〇ページを参照した。
＊4　青木やよひ『決定版　ベートーヴェン〈不滅の恋人〉の探究』一九四～二七九ページ。
＊5　青木やよひ『ベートーヴェンの生涯』一七七～一七八ページ。

＊6　以下、ベートーヴェンの『日記』から引用する際には、メイナード・ソロモン編（青木やよひ・久松重光訳）『ベートーヴェンの日記』を使用した。
＊7　ゲーテの戯曲『エグモント』はオランダの軍人・政治家であった実在の人物を題材とした五幕の悲劇である。オランダの将軍エグモントは祖国をスペインの圧制から解放させようと、フィリップ二世に反抗するが、捕らえられて、死刑を宣告される。彼の恋人クレールヒェンは彼を助けようとするが、失敗して毒をあおって自殺してしまうという内容である。
＊8　以下、二巨匠の出会い・対面を述べていくにあたっては、青木やよひ『ゲーテとベートーヴェン』一三二〜一四九ページおよび『ベートーヴェンの生涯』一八一〜一八四ページを参照した。

第五章

＊1　以下、このことについてまとめるにあたっては、青木やよひ『決定版　ベートーヴェン〈不滅の恋人〉の探究』巻末付録の北沢方邦による解説（楽譜にみる《不滅の恋人》への手紙）を参照した。
＊2　作曲家別名曲解説ライブラリー『ベートーヴェン』四四七ページおよび小松雄一郎訳『ベートーヴェン書簡集』二三〇ページ。
＊3　以下、その後のアントーニアについてまとめるにあたっては、青木やよひ『決定版　ベートーヴェン〈不滅の恋人〉の探究』二六四〜二七九ページを参照した。

第六章

＊1　この器楽対話メモについては、櫻井知子企画・編集『第九――歓喜のカンタービレ』ネット武蔵

野、一一二～一一三ページおよび矢羽々崇『「歓喜に寄せて」の物語――シラーとベートーヴェンの「第九」』現代書館、一六八～一七三ページを参照した。

＊2　マンフレッド・クラメス『交響曲『第九』の秘密――楽聖・ベートーヴェンが歌詞に隠した真実』ワニブックス「PLUS」新書、一一六～一一七ページ。

＊3　青木やよひ『ベートーヴェンの生涯』二六一ページ。

＊4　松原良輔訳「一八四六年にドレスデンで行なわれたベートーヴェン「第九交響曲」の演奏会についての報告（『わが生涯』からの抜粋）、および曲目解説」ワーグナー（ワーグナー〈三光長治監訳〉『ベートーヴェン』法政大学出版局所収）

＊5　池上純一訳「ベートーヴェン」（三光長治監訳『ベートーヴェン』所収）

＊6　この鳴門『第九』日本初演については、石川栄作・石川晶子・柳瀬朋子『板東俘虜収容所「第九」百年の国際交流』徳島県教育印刷㈱二〇一八年を参照されたい。

＊7　『決定版「不滅の交響曲」鑑賞の手引き』日本フォノグラム㈱における家里和夫による解説書、一〇ページ。

付録1 「ハイリゲンシュタットの遺書」の翻訳

わが弟たちカールと（ヨハン・）ベートーヴェンへ

おお、お前たち、お前たちは私のことを厭わしく強情で、人間嫌いのように思い、他人にもそのように言いふらしているが、私に対してそのような振る舞い方はなんと不当なことか！お前たちにそのように見えたにしても、お前たちはその隠れた本当の原因を知らないのだ。

私の心と魂は子どもの頃から善行を好むやさしい感情に満たされていた。偉大な善行を成し遂げようとさえ、いつも努めてきた。しかし、考えてもみよ。私は六年前から不治の病に冒《おか》され、ろくでもない医者たちによって悪化させられながら、回復するであろうという希望は年々欺かれ、ついには「慢性の病」であると認めざるをえなくなってきた。治るとしてもおそらく数年はかかるだろうし、あるいはまったく不可能かもしれないのだ。気晴らしの社交にも応じやすいほど情熱的で活発な性格を持って生まれた私は、このように早くも人々から孤立して、孤独の生活を過ごさなければならなくなったのだ。時折、私はこれらすべてを忘れてしまおうと思ったこともあったが、自分の耳が聞こえないという悲しさが二倍にも感じられて、なんと苛酷な現実に押し戻されたことか。人々に向かって、「もっと大きな声で話してください、叫んでください。私は耳がよく聞こえないのです」と言うことは、私にはどうしてもできなかったのだ。ああ、ほかの人たちにとってよりも私にはいっそう完璧でなければならない「一つの感覚（聴覚）」、かつては申し分なく完全に所有していた感覚、私と同じ専門の人たちでもほとんど持たないほどの完璧さで私が所有していたその感覚の弱点を、私はどうして人々に曝《さら》け出すことができようか。ああ、私にはそんなことはできない。だから、お前たちの中に交じっていたいのに、私が人を避けようしているのを見ても、許しておくれ。こうして私が誤解されているという不幸は、私を二重に苦しめるのだ。交友によって気晴らししたり、洗練された対話を楽しんだり、意見を交換したりすることなどは、私にはもう許されないのだ。どうしても避けられないときにだけ、人の中に入ってはいくが、私はまるで追放者のように生活しなければならない。人々の集まるところに近づくと、自分の病状が人々に気づかれはしないかという恐ろしい不安が、私の心を襲うのだ。

この半年間、私がこの田舎で過ごしたのも、その理由からであった。できるだけ聴覚をいたわるようにと、賢明な医者が勧めてくれたが、それは現在の私の自然な意見と一致した。それにもかかわらず私はときには衝動に駆られて人々の集まりへ出かけていく誘惑に負けることがあった。しかし、私のそばにいる人が遠くからの笛の音を聞いているのに、私には「まったく何も」聞こえないというのは、あるいは誰かが「羊飼いの歌う歌を聞いているのに」、私には何も聞こえないというのは、なんという屈辱だろう。

このような出来事に私は絶望し、もう少しで自らの生命を絶つところであった。ただ「芸術」、これだけが私に自殺行為を思いとどまらせたのだ。自分が使命だと感じているすべてのことを成し遂げるまでは、この世を見捨てることはできないと思われたのだ。だからこそこの悲惨な人生を耐え忍んできた。本当に悲惨なことだ。最上の状態から最悪の状態に突き落とすという変化をもたらしたこの過敏な肉体をなんとか維持してきた。「忍耐」、これこそが私のこれからの案内者として選ぶべきものであると、そのように決心した。情け容赦のない運命の女神が生命の糸を断ち切る日まで、この気持ちを持ち続けるように願っている。ひょっとするとよりよくなるかもしれないが、ひょっとしたら治らないかもしれないとしても、心の準備はできている。二十八《ママ》歳で悟りを開いた人間にならなければならないことは、容易なことではない。これは芸術家にとっては他の人々にとってよりも一段とつらいことである。

神よ、御身《おんみ》は私の心の奥を見られて、もう分かっておられる。そこには人間愛と善行への欲求があることを御身こそご存じだ。

おお、世の人々よ、あなた方がいつかこれを読んだとき、あなた方は私に対して不当なことをしたと思うがよい。そして不幸な人間は、自分と同じ一人の不幸せな人間が自然のあらゆる支障にもかかわらず、立派な芸術家であり、かつ人間であると並び称されんとして全力を尽くしたことを知って、そこに慰めを見出すがよい。

お前たち、私の弟たちのカールと（ヨハンよ）、私が死んだとき、シュミット教授がまだ生きておられたなら、彼に私の病状を記録してくれるように、私の名において彼に頼んでおくれ。そしてここに書き留めた手紙を私の病状記録に添えておくれ。そうしたら私の死後、できるだけ多くの人が私のことを少なくとも理解し、私と和解するようになるだろう。

それと同時に私はお前たち二人を少しばかりの財産（そう呼べるならば）の相続人として宣言しよう。誠実にそれを分け合って、仲よく助け合いなさい。お前たちが私に逆らってしたことは、もう知ってのとおり、すでに許されている。弟カールよ、最近のお前の好意には特に感謝している。お前たちが私よりももっとよい、心配の少ない生活を送れることを私は願っている。子どもたちには「徳」を勧めなさい。それこそが幸福をもたらすのだ、お金ではない。自分の経験から言うのだが、私を苦悩から救ってくれたのもこれだった。私を自殺から救ってくれたのは、芸術とともにこの徳であったのだ。ごきげんよう、互いに愛し合うのだ。

すべての友人たち、特にリヒノフスキー侯爵とシュミット教授に感謝する。リヒノフスキー侯爵から贈られた楽器は、お前たちのどちらかの手元に保管されるよう願うが、それを原因として争いを起こさないようにしなさい。もっと有効な使い道が見つかったときには、それを売ってしまいなさい。墓石の下からでも私がお前たちの役に立つことができるならば、私はうれしい。

これでおしまいだ。私は喜んで死に向き合うことにしよう。私のすべての芸術の天分を展開する機会を私が持つよりも早く、死がくるとすれば、私の運命が苛酷であるにせよ、死はあまりにも早くきたと言わねばなるまい。もう少し遅くくることを私は望んでいるが、しかし、それでも私は満足だ。死は私を果てしない苦しみの状態から解放してくれるのではないか？ 死よ、いつでもくるがよい。私は敢然と死に向き合おう。ごきげんよう。私が死んでも忘れないでおくれ。私はお前たちを幸福にしようといつも考えていたのだから。幸せに。

ルートヴィヒ・ヴァン・ベートーヴェン

ハイリゲンシュタット

一八〇二年十月六日

ハイリゲンシュタット、一八〇二年十月十日、さあ、親愛なる希望よ、これでお前とお別れだ。しかも悲しい別れ。あのささやかな希望。ここに来れば少しは治るかもしれないという、その希望は、秋に木の葉が舞い落ちて、枯れていくかのように、失われてしまった。私がここに来たときとほとんど同じままに、私はここから立ち去る。美しい夏の日々に私の魂を勇気づけた気高い勇気さえも、もはや消えてしまった。おお、神の摂理よ、歓びに満ちた日を一日だけでも私に見せてください。すでに長い間、私は心の奥底から響いてくる真の歓びとは無縁になってしまった。おお、いつの日に。おお、いつの日に、おお、神よ。自然と人間の聖堂の中で歓びの日を享受できるのは。もう決してないのか？ もうないとは、おお、それはあまりにも残酷だ。

私の弟たちカールと（ヨハン）へ

私の死後、読んで実行するように。

付録2　「不滅の恋人」への手紙の翻訳

七月六日朝

私の天使、私のすべて、私の分身。――今日はほんの二、三の言葉を書くことにしよう。しかもお前の鉛筆で。――明日までにはやっと私の宿も決まるだろう。こんなことでなんとくだらない時間の浪費をすることか。――必然的な結果とはいえ、どうしてこのような深い心痛を味わうのか。――我々の愛は犠牲を払い、何をも要求しないことでしか、成立しえないものだろうか。お前には変えることができるだろうか、お前が完全に私のものでなく、私が完全にお前のものでないということを。――おお、神よ、美しい自然を見よ、そしてやらねばならないことについて、お前の気持ちを落ち着けておくれ。――愛はすべてを求める、それは当然のことだ。お前と私、私とお前の仲もそのとおりだ。――ただそうたやすく忘れないでおくれ、私は私のために、そしてお前のために生きねばならないということを。我々がすっかり一緒になることができれば、ちょうど私がそうであるように、お前はこのような苦しみを感じないですむだろうに。

――私の旅は恐ろしかった。私は昨日の朝四時にやっとここに着いた。馬が足りなかったものだから、郵便馬車は別のコースを選んだのだ。しかし、なんと恐ろしい道だったことか。一つ前の駅で警告してくれたのだ、夜に走らせることはやめるようにと、森の中を走るのは恐ろしいからということで。しかし、それが私には刺激的でもあったのだ。——ところが、私は不運だったのだ。馬車はひどい道で故障してしまった。底なしのむき出しの田舎道だった。私の乗った馬車が二人の御者付きでなかったら、私は途中で立ち往生していたことだろう。

エステルハージ氏はほかの普通の道を行ったのだが、こちらに着くまでに同じ運命に遭った。八頭立ての馬車だったのに対して、私のは四頭立てだった。——しかし、私は何かをうまく克服するときには、いつもそうであるように、ある程度それで満足だった。

——さて、急いで外面的なことから内輪のことに移ろう。私たちはまもなく会えるだろう。今日も私はお前に私の考えていることを伝えることができない。私がここ数日、私の人生について考えてきたことを。——我々の心がいつもぴったりと寄り添っていれば、私はきっとこんなことをしなかっただろう。胸はお前に言いたいことでいっぱいだ。——ああ、——言葉というものは何一つ語ってくれないと思う瞬間があるよ。——気持ちを明るくしておくれ。——私の忠実な、唯一の宝であっておくれ。私のすべてをお前に与えよう。そのほかのことは神々が恵んでくださるだろう、我々にとって成さねばならぬ、そして成すべきことは。——

お前の忠実なルートヴィヒ

七月六日月曜日夜
お前は悩んでいるね。私の最も大切な人よ。——今初めて私は、手紙は早朝に投函しなければばならぬことを知った。毎週月曜日と――毎週木曜日と――この二日間だけ、郵便はKへ行くのだ。――お前は悩んでいる。――ああ、私がどこにいようと、お前は私と一緒だ。そしてお前に言っておこう、私はお前とともに生きていくことができるようにしようと。お前なしでは、どういう人生だろう!!!! そうだ!!!!――あちこちで人間の好意につきまとわれて、私はそれにふさわしくありたいとは思わないし、またそれにふさわしくもない。――人間が人間に対して媚《こ》びへつらうことが、私を苦しめるのだ――そして私が自分を宇宙とのつながりの中で見つめるとき、私は何者だろうか――人が偉大だと言っているものも、何であろうか――だが、またこの点に人間の神々しさがあるのだ。――おそらく土曜日の夜にようやくお前が私からの最初の知らせを受け取ることを考えると、私は泣けてくるよ。――お前が私を愛している以上に――私はお前をもっと強く愛している――どうか私の前から姿を隠さないでおくれ。――おやすみ――湯治客として私はもう寝なければならない。おお、一緒に……。ああ、神よ、こんなに近くで! こんなに遠い! 我々の愛は本当の天上の建造物ではないだろうか――しかも強いのだ、天上の城のように――。

おはよう、七月七日――

ベッドの中にいても、私の考えることはお前のことばかりだ、私の不滅の恋人よ。あちこちでうれしくなったり、また再び悲しくなったり。我々の願いを聞き届けてくれるかどうかは、運命に期待しよう。私がひたすら全面的にお前と一緒に暮らすことができるか、それともできないかだ。

　私は遠くで長い間さまよい歩くことを決心した、お前の腕に飛び込むことができるまで、そしてお前のもとで生まれ故郷に帰ったと言えるまで、私の心がお前に包まれて、霊の国へと運ばれるまでは。――そう、残念ながらそういうことになるかもしれない。――お前は覚悟を決めねばならないだろう、お前は私のお前に対する誠実を知っているのだからなおいっそう。私の心はほかの女性に占められることなどありえない。決して――決して――おお、神よ、愛している者同士、どうしてお互いに離れていなければならないのか。しかし、私のウィーンでの生活は今のところ惨めなものだ。――お前の愛が私を最も幸福にすると同時に、最も不幸にもするのだ。――私のこの歳《とし》では今は多少の安定が、生活の均衡が必要だ。――これが私たちの仲で成立しうるであろうか？――天使よ、ちょうど今、私は郵便馬車が毎日出ることを知った。――だから、これで書くのをやめることにしよう、お前がこの手紙をすぐに受け取ることができるように。――落ち着いておくれ、私たちの存在を落ち着いて観ることによってのみ、一緒に暮らすという私たちの目的に達することができるのだ。――落ち着いておくれ。――私を愛しておくれ。――今日も――昨日も――どのようなあこがれが涙とともにお前のもとに。――お前へ――お前へ――私の人生――私のすべて――ごきげんよう――おお、私をいつまでも愛し続けておくれ――間違って取ってくれるな、お前が愛する人の最も誠実な心を。

永遠にお前のもの、永遠に私のもの、永遠に私たちのもの。

ルートヴィヒ

付録3　ベートーヴェンの重要作品一覧

（本書に出てきた作品をすべて記載。年代は特に記載がない場合は作曲年代を表す。）

1　ボン時代　ネーフェに師事（一七八三〜九二年）

三つのピアノ・ソナタ「選帝侯ソナタ」WoO47（一七八三年）
ヘルティの詩による歌曲『嘆き』WoO113（一七九〇年頃）
カンタータ『皇帝ヨーゼフ二世の葬送カンタータ』WoO87（一七九〇年二月）
カンタータ『皇帝レオポルト二世の即位を祝うカンタータ』WoO88（一七九〇年十月）
ディッテルスドルフの歌劇『赤ずきんちゃん』からのアリア「昔、一人の年寄りがいた」によるピアノ十三変奏曲イ長調WoO66（一七九二年）
ピアノとヴァイオリンのためのロンドト長調WoO41（一七九二年）

2　ウィーン時代初期　最初の十年間（一七九二〜一八〇二年）

モーツァルトの歌劇『フィガロの結婚』第一幕第二場の第三曲「もし踊られたくば」を主題とするピアノとヴァイオリンの十二変奏曲ヘ長調WoO40（一七九三年）
三つのピアノ三重奏曲作品1（第一番変ホ長調、第二番ト長調、第三番ハ短調）（一七九四〜九五年）
ピアノ三重奏曲第四番変ロ長調作品11「街の歌」（一七九七年）
交響曲第一番ハ長調作品21（一八〇〇年初演）

三つのピアノ・ソナタ（第一番ヘ短調、第二番イ長調、第三番ハ長調）作品2（一七九三〜九五年）
ピアノ・ソナタ第四番変ホ長調作品7（一七九六〜九七年）
三つのピアノ・ソナタ（第五番ハ短調、第六番ヘ長調、第七番ニ長調）作品10（一七九五〜九八年）
ピアノ・ソナタ第八番ハ短調「悲愴」作品13（一七九七〜九八年）
二つのピアノ・ソナタ（第九番ホ長調、第十番ト長調）作品14（一七九七〜九九年）
ピアノ・ソナタ第十一番変ロ長調作品22（一八〇〇年）
ピアノ・ソナタ第十二番変イ長調作品26「葬送行進曲付き」（一八〇〇〜〇一年）
二つの幻想曲風ピアノ・ソナタ作品27（第十三番変ホ長調、第十四番嬰ハ短調「月光」）（一八〇〇〜〇一年）
ピアノ・ソナタ第十五番ニ長調「田園」作品28（一八〇一年）
三つのピアノ・ソナタ（第十六番ト長調、第十七番ニ短調「テンペスト」、第十八番変ホ長調）作品31（一八〇二年）
二つのやさしいピアノ・ソナタ（第十九番ト短調、第二十番ト長調）作品49（一七九五〜九七年）
ピアノ協奏曲第一番ハ長調作品15（一七九五年完成）
ピアノ協奏曲第二番変ロ長調作品19（一七九五年第一稿、一七九八年改訂版）
二つのチェロ・ソナタ（第一番ヘ長調、第二番ト短調）作品5（一七九六年）
三つのヴァイオリン・ソナタ（第一番ニ長調、第二番イ長調、第三番変ホ長調）作品12（一七九七〜九八年）
ヴァイオリン・ソナタ第四番イ短調作品23（一八〇一年）

ヴァイオリン・ソナタ第五番ヘ短調作品24「春」（一八〇一年）
三つのヴァイオリン・ソナタ（第六番イ長調、第七番ハ短調、第八番ト長調）作品30（一八〇一～〇二年）
ロンドト長調作品51－2（一七九八年もしくは一八〇〇年）
六つの弦楽四重奏曲（第一番ヘ長調、第二番ト長調、第三番ニ長調、第四番ハ短調、第五番イ長調、第六番変ロ長調）作品18（一七九八～一八〇〇年）
十二のコントルダンスWoO 14（一八〇〇年前後）
バレエ音楽『プロメテウスの創造物』作品43（一八〇〇年、一八〇一年初演）
十五の変奏曲とフーガ（エロイカ変奏曲）作品35（一八〇二年）
ゲーテの詩による歌曲「五月の歌」（『八つの歌』作品52の第四曲）（一七九二～九六年）
マティソンの詩による歌曲『アデライーデ』作品46（一七九四～九五年）
歌曲『愛されない男のため息と愛のお返し』WoO 118（一七九五年）
マティソンの詩による歌曲『奉献歌』WoO 126（一七九六年頃）
ヘロゼーの詩による歌曲『君を愛す』WoO 123（一七九七年）
ティートゥゲの詩による歌曲『希望に寄せて』作品32（一八〇五年）
ゲーテの詩『われ君を想う』による六つの変奏曲ニ長調WoO 74（一八〇五年）
ゲーテの詩による歌曲『あこがれ』WoO 134（一八〇七～〇八年）

3　ハイリゲンシュタットの遺書　数々の名曲誕生（一八〇二～一一年）

交響曲第二番ニ長調作品36（一八〇三年初演）

交響曲第三番変ホ長調作品55「英雄」(一八〇五年初演)
交響曲第四番変ロ長調作品60(一八〇七年初演)
交響曲第五番ハ短調作品67「運命」(一八〇八年初演)
交響曲第六番ヘ長調作品68「田園」(一八〇八年初演)
ピアノ・ソナタ第二十一番ハ長調作品53「ワルトシュタイン」(一八〇三〜〇四年)
ピアノ・ソナタ第二十二番ヘ長調作品54(一八〇四年)
ピアノ・ソナタ第二十三番ヘ短調作品57「熱情」(一八〇四〜〇五年)
ピアノ・ソナタ第二十四番嬰ヘ長調作品78「テレーゼ」(一八〇九年)
ピアノ・ソナタ第二十五番ト長調作品79(一八〇九年)
ピアノ・ソナタ第二十六番変ホ長調作品81「告別」(一八〇九〜一〇年)
バガテルイ短調WoO59『エリーゼのために』(一八一〇年)
ピアノ協奏曲第三番ハ短調作品37(一八〇三年初演)
ピアノ協奏曲第四番ト長調作品58(一八〇八年初演)
ピアノ協奏曲第五番変ホ長調作品73「皇帝」(一八一一年初演)
二つのピアノ三重奏曲(第五番ニ長調「幽霊」、第六番変ホ長調)作品70(一八〇八年)
ピアノ三重奏曲第七番変ロ長調作品97「大公」(一八一一年)
ヴァイオリン・ソナタ第九番イ長調作品47「クロイツェル」(一八〇三年初演)
ヴァイオリン協奏曲ニ長調作品61(一八〇六年初演)
ピアノ協奏曲ニ長調作品61a(一八〇七年)

チェロ・ソナタ第三番イ長調作品69（一八〇七〜〇八年）
三つの弦楽四重奏曲（第七番ヘ長調、第八番ホ短調、第九番ハ長調「ラズモフスキー」作品59（一八〇五〜〇六年）
弦楽四重奏曲第十番変ホ長調作品74「ハープ」（一八〇九年）
弦楽四重奏曲第十一番ヘ短調作品95「セリオーソ」（一八一〇年）
ピアノ、合唱、オーケストラのための幻想曲（合唱幻想曲）作品80（一八〇八年）
ゲーテの詩による歌曲『六つの歌』作品75の第一曲「ミニヨン」（一八〇九年）
ゲーテの詩による歌曲『六つの歌』作品75の第二曲「新しい愛、新しい生」（一八〇九年）
歌劇『レオノーレ、あるいは夫婦愛』第一稿（一八〇五年初演）
歌劇『レオノーレ』序曲第二番作品72a
歌劇『レオノーレ、あるいは夫婦愛』第二稿（一八〇六年初演）
歌劇『レオノーレ』序曲第三番作品72b
歌劇『レオノーレ』序曲第一番作品138（一八〇七年）

4　「不滅の恋人」への手紙　ボヘミアへの湯治旅行（一八一一〜一二年）

交響曲第七番イ長調作品92（一八一一〜一二年完成）
交響曲第八番ヘ長調作品93（一八一二年完成）
シュトールの詩による歌曲『恋人へ』WoO 140（一八一一年）
ゲーテの劇音楽『エグモント』作品84（序曲と九曲）（一八〇九〜一〇年）

劇音楽『アテネの廃墟』作品113より序曲（一八一一年）

5　ベートーヴェンの『日記』後期の傑作（一八一二〜二三年）

ヴァイオリン・ソナタ第十番ト長調作品96（一八一二年）
ウェリントンの勝利またはヴィットリアの戦い（戦争交響曲）作品91（一八一三年）
歌劇『フィデリオ』作品72（一八一四年初演）
歌劇『フィデリオ』序曲作品72
カール・ベルナルトの詩による『同盟君主に寄せる合唱』WoO95（一八一四年）
カンタータ『栄光の瞬間』作品138（一八一四年）
ヤイテレスの詩による連作歌曲『遥かなる恋人へ』作品98（一八一六年）
ピアノ・ソナタ第二十七番ホ短調作品90（一八一四年）
ピアノ・ソナタ第二十八番イ長調作品101（一八一六年）
ピアノ・ソナタ第二十九番変ロ長調作品106「ハンマークラヴィーア」（一八一九年）
ピアノ・ソナタ第三十番ホ長調作品109（一八二〇年）
ピアノ・ソナタ第三十一番変イ長調作品110（一八二一〜二二年）
ピアノ・ソナタ第三十二番ハ短調作品111（一八二一〜二二年）
ディアベッリのワルツによる三三の変奏曲ハ長調作品120（一八一九〜二三年）
二つのチェロ・ソナタ（第四番ハ長調作品102‐1、第五番ニ長調作品102‐2）（一八一五年）
ラッペの歌詞による歌曲『どちらにしても』WoO148（一八一七年）

ハウクヴィッツの歌詞による歌曲『あきらめ』WoO149（一八一七年）
序曲『献堂式』作品124（一八二二年）

6 『第九』完成（一八二四～二七年）

『ミサ・ソレムニス（荘厳ミサ曲）』ニ長調作品123（一八二四年初演）
交響曲第九番ニ短調作品125「合唱付き」（一八二四年初演）
弦楽四重奏曲第十二番変ホ長調作品127（一八二五年初演）
弦楽四重奏曲第十三番変ロ長調作品130（一八二六年初演）
弦楽四重奏曲第十四番嬰ハ短調作品131（一八二五～二六年）
弦楽四重奏曲第十五番イ短調作品132（一八二四～二五年）
弦楽四重奏曲第十六番ヘ長調作品135（一八二六年、一八二八年初演）
弦楽四重奏のための『大フーガ』変ロ長調作品133（一八二五年、一八二六年初演）

参考文献・資料

1　ベートーヴェン

青木やよひ『ベートーヴェン〈不滅の恋人〉の謎を解く』講談社現代新書、二〇〇一年
青木やよひ『ゲーテとベートーヴェン――巨匠たちの知られざる友情』平凡社新書、二〇〇四年
青木やよひ『決定版 ベートーヴェン〈不滅の恋人〉の探究』平凡社ライブラリー、二〇〇七年
青木やよひ『ベートーヴェンの生涯』平凡社ライブラリー、二〇一八年
石川栄作『ベートーヴェン「第九」より高きものを求めて』徳島県教育出版㈱（自費出版）、二〇二〇年
大築邦雄『ベートーヴェン』音楽之友社、一九六二年
近衛秀麿『ベートーヴェンの人間像』音楽之友社、一九七〇年
小松雄一郎訳『改訂増補版 ベートーヴェン書簡集』岩波文庫、一九五七年
小松雄一郎編訳『新編ベートーヴェンの手紙』（上）（下）岩波文庫、一九八二年
小山実稚恵・平野昭（長井進之介編集協力）『ベートーヴェンとピアノ――「傑作の森」への道のり』音楽之友社、二〇一九年
櫻井知子企画・編集『第九――歓喜のカンタービレ』ネット武蔵野、二〇〇六年
作曲家別名曲解説ライブラリー『ベートーヴェン』音楽之友社、一九九二年
武川寛海『「第九」のすべて』日本放送出版協会、一九七七年（芸術現代社、一九八七年）

中川右介『第九 ベートーヴェン最大の交響曲の神話』幻冬舎新書、二〇一一年
長谷川千秋『ベートーヴェン』岩波新書、一九六四年改版
平野昭『カラー版作曲家の生涯 ベートーヴェン』新潮文庫、一九八五年
平野昭『作曲家◎人と作品 ベートーヴェン』音楽之友社、二〇一二年
『ベートーヴェン歌曲集』（新編世界大音楽全集・声楽編二二）音楽之友社、一九九三年
武田昭訳『ベートーヴェン――不滅の恋人への手紙』ソシエタス・プロ・ムジカ
堀内敬三編『ベートーヴェン歌曲集』（世界大音楽全集・声楽篇三一）音楽之友社、一九五九年
マンフレッド・クラメス『交響曲「第九」の秘密――楽聖・ベートーヴェンが歌詞に隠した真実』ワニブックス「PLUS」新書、二〇一七年
メイナード・ソロモン編（青木やよひ・久松重光訳）『ベートーヴェンの日記』岩波書店、二〇〇一年
諸井三郎『ベートーベン――不滅の芸術と楽聖の生涯』新潮文庫、一九八二年
矢羽々崇『「歓喜に寄せて」の物語――シラーとベートーヴェンの「第九」』現代書館、二〇〇七年（改訂版二〇一九年）
矢羽々崇『第九 祝祭と追悼のドイツ二十世紀史』現代書館、二〇一八年
J・シュミット＝ゲールグ（属啓成訳）『ベートーヴェンの恋文――新たに発見されたダイム伯夫人への十三通』音楽之友社、一九七〇年
Hedwig M.von Asow（Hrsg.）: *Ludwig van Beethoven: Heiligenstädter Testament Faksimile* Verlag Doblinger（Erweiterte Neuauflage）, Wien-Müünchen 1992.
Sieghard Brandenburg（Hrsg.）: *Beethoven Der Brief an die Unsterbliche Geliebte*, Verlag Beethoven-

Haus, Bonn 2001.

2 ゲーテ、シラーおよびワーグナー

ゲーテ全集一「詩集1」(「五月の歌」ほか)(山口四郎ほか訳)潮出版社、一九七九年
ゲーテ全集四「戯曲1」(『エグモント』ほか)(内垣啓一ほか訳)潮出版社、一九七九年
ゲーテ全集六「小説」(『若きヴェルターの悩み』神品芳夫ほか訳)潮出版社、一九七九年
ゲーテ全集一五「書簡・他」(小栗浩ほか訳)潮出版社、一九八一年
ワーグナー(三光長治監訳)『ベートーヴェン』法政大学出版局、二〇一八年
Ludwig Bellermann (Hrsg.): *Shillers Werke.* Erster Band. Leipzig und Wien Bibliographisches Institut.

3 ロマン・ロラン

三木原浩史『ロマン・ロラン著 三つの「英雄の生涯」を読む――ベートーヴェン、ミケランジェロ、トルストイ』鳥影社、二〇一八年
ロマン・ロラン(片山敏彦訳)『ベートーヴェンの生涯』岩波文庫、一九三八年初版、一九六五年改版
ロマン・ローラン(新庄嘉章訳)『苦悩の英雄ベートーヴェンの生涯』角川文庫、一九六二年
ロマン・ロラン全集第二三巻「ベートーヴェン研究Ⅰ」みすず書房、一九五九年
ロマン・ロラン全集第二四巻「ベートーヴェン研究Ⅱ」みすず書房、一九五九年
ロマン・ロラン全集第二五巻「ベートーヴェン研究Ⅲ」みすず書房、一九六六年
ロマン・ロラン全集第六四巻「ゲーテとベートーヴェン」みすず書房、一九五二年

ロマン・ロラン全集第六九巻「第九交響曲」みすず書房、一九五一年
ロマン・ロラン全集第七〇巻「ベートーヴェンの恋人たち」みすず書房、一九五二年
ロマン・ロラン（蛯原徳夫・北沢方邦訳）『第九交響曲』みすず書房、一九八五年

4 カセットテープ・CD・DVD等

ドイツ・グラモフォン「ベートーヴェン新大全集」（ベートーヴェン生誕二百五十周年記念）
ナクソス「ベートーヴェン全集」（ベートーヴェン生誕二百五十周年記念）
長野冬のオーケストラ「第九演奏会」（テレビ録画）
日本フォノグラム㈱制作『決定版「不滅の交響曲」鑑賞の手引』（ビクターファミリークラブ）
バーンスタイン指揮「ベルリン自由の第九」（テレビ録画）
フルトヴェングラー指揮「第九」一九五一年（バイロイト祝祭劇場）
Naxos《Beethoven Lieder.1》（Neue Liebe,neues Leben, An die Geliebte, u.s.w.）
Fontec《John Ken Nuzzo Beethoven × Schubert》（An die ferne Geliebte op.98）

5 百科事典・その他

石川栄作・石川晶子・柳瀬朋子『板東俘虜収容所「第九」百年の国際交流』徳島県教育印刷㈱（自費出版）、二〇一八年
バリー・クーパー原著監修（平野昭・西原稔・横原千史訳）『ベートーヴェン大事典』平凡社、一九九七年
Silke Bettermann: *Beethoven im Bild. Die Darstellung des Komponisten in der bildenden Kunst vom 18. bis*

zum 21. Jahrhundert, Verlag Beethoven-Haus, Bonn 2012.

あとがき

昨年の二〇二〇（令和二）年はベートーヴェン生誕二百五十年にあたることから、筆者は大学教員として長年暮らしてきた徳島県の地方紙「徳島新聞」で、「人間ベートーベン――第九苦悩から歓喜へ」というテーマで連載することになった。全二十七回の予定で、昨年二月から連載が始まったが、月に二回ほど校正のために徳島新聞社に出かけて生活文化部記者の尾野益大さんと話し合ったり、さらに毎回の記事のためにベートーヴェンに関する書籍を読んだり、作品を聴いたりしているうちに、この二十七回分の記事を膨らませて一冊の著書にすることができるのではないかと思うようになり、こうして出来上がったのが本書である。

本書を書き進めていくにあたっては、「人間ベートーヴェン」の内面的成長過程を明確にしていくことに重きを置いた。そのために小松雄一郎訳『ベートーヴェン書簡集』（岩波文庫）を読み始めたところ、ベートーヴェンはもちろん音楽家として大成することをめざしていたが、その前にまずは一人の「人間」として成長することを心がけていたことを知って、たいへん感動した。それを明らかに示しているのが、ボン時代からの親友ヴェーゲラーにあてた一八〇一年六月二十九日付の手紙であり、その中でベートーヴェンは「今度お目にかかるときには、僕が本当に成長した人間になっていよう」と書いている。その頃、ベートーヴェンは難聴の兆しを自覚し始めていただけに、その前向きな姿勢には感動しないではいられない。その上さらにベートーヴェンの音楽活動の根底には、「道徳的精神」があり、それを自らの音楽の究極的な目標としていることは、ベッティーナ・ブレンターノに語ったことからも明らかである。また難聴からの回復の望みがなくなって、絶望の極みの中で二人の弟たちにあてた「ハイリゲンシュタットの遺書」においても、「子どもたちには「徳」を勧めなさい。それこそが幸福をもたらすのだ、お金ではない」と書いているし、一八一二年七月十七日付のエミリエへの手紙の中でも、「よりいっそう善良な人間となることが目標である」とも書き記している。

このような人生哲学がベートーヴェンの心の根底にあったからこそ、難聴の危機に直面してもその「苦悩」を「歓喜」に代えていく堅固な意志を抱くことができたのであろう。苦難に見舞われて初めて自分に課せられた芸術家としての使命に目覚めることによって、次から次へと名曲の数々を作り出していったところに、人間ベートーヴェンの言い知れぬ魅力がある。筆者がベートーヴェンに惹《ひ》かれるのは、まさにこの点である。

難聴の兆しに苦しみながら人との交流を避けていた頃は、確かにベートーヴェンは「孤独な音楽家」であったかもしれない。しかし、人間ベートーヴェンの生涯を見渡してみて、遺されている手紙などから推察できるように、ベートーヴェンは決して孤独な人間ではなかった。とりわけボン時代からの親友ヴェーゲラー夫妻とは、実際にたびたび会うことは叶わなかったが、心の中では強い絆で結ばれて、一生涯を通じての親友であったことは、本論でも述べたとおりである。またそのヴェーゲラーの妻エレオノーレの弟シュテファン・フォン・ブロイニングとも生涯を通じての付き合いとなっており、シュテファンはその息子ゲルハルトとともに晩年のベートーヴェンを見舞い、病床についている彼に「癒やし」をもたらしただけではなく、臨終後にはその葬儀まで取り仕切った親友である。しかもその葬儀には三万人のウィーン市民が参列したという。このようなことを考えると、ベートーヴェンは決して「孤独な音楽家」ではなかったと言えるのではないか。

またベートーヴェンをめぐるたくさんの女性との恋愛関係においては、実にさまざまな苦難に見舞われたが、その「苦悩」を「歓喜」の音楽へと昇華させていった。とりわけ「不滅の恋人」アントーニアとの愛が破綻したあとには、『日記』を書き始めることによって、その苦難を克服したどころか、その「情愛」を「家族的友愛」にまで浄化させて、ブレンターノ夫妻とは生涯の付き合いとなっている。ブレンターノ家の人々とのボヘミアでの夏の思い出は、いくつかの作品の中に取り入れられて、音楽化することにより永遠のものとなっている。ベートーヴェンはまさに真の意味で「不滅の愛の音楽家」だったのである。アントーニアの娘マクシミリアーネにピアノ・ソナタ第三十番作品109を献呈するときの手紙は、そのときのベートーヴェンの素直な気持ちを表すものであり、彼が幾多の困難を切り抜けて到達した「諦念」の境地である。それはベートーヴェンの人生哲学でもある「一日たりとも無駄にすることなく」、コツコツと努力を重ねていって、それぞれの体験を音楽化していった、その生き方に共感せずにはいられない。ベートーヴェンはまさに「苦悩」に立ち向かって、それと闘い、自らの道を切り拓いていった「努力家」だったのである。

このように見てくると、ベートーヴェンという人は音楽の究極の目標に「人間精神の解放」と「善良な人間形成」を掲げたヒューマニストだったとも言える。その彼のヒューマニズムは『第九』の完成によって同時に完成する。とりわけ第四楽章の「歓喜の歌」はベートーヴェンが生涯をかけて追い求めてきたものであり、すべてはその合唱冒頭の「おお、友らよ、このような調べではない！　そうではなく、もっと心楽しい、もっと喜びにあふれた調べを歌おうではないか！」というベートーヴェン自身による文言に集約されている。「常に新しいものを求めて」努力しながら、「苦悩」を「歓喜」に代えていくベートーヴェンの人生哲学が、そこに読み取られる。ベートーヴェンの音楽は、人間ベートーヴェンの生涯と同じように、決して消極的な「苦悩」に終わることはなく、最終的には「生きていることへの感謝」、輝かしい未来への「祈り」「希望」に満ちている。そこにベートーヴェン音楽の「真髄」がある。筆者がベートーヴェンに惹かれる理由はそこにもある。

本書は「人間ベートーヴェン」の生涯を辿りながら、それぞれの「苦難」から生まれた音楽作品をできるだけたくさん取り上げることにも心がけた。この機会にベートーヴェンの歌曲にも多く触れることができ、歌曲にもすばらしい作品があることを改めて認識した。とりわけ歌曲『恋人へ』と連作歌曲『遥かなる恋人へ』に出会うとともに、そこでのメロディに「不滅の恋人」アントーニアとの思い出がちりばめられていることを知ったのが、本書執筆での最大の収穫である。そのほかの曲にもベートーヴェンのその折々の気持ちが込められていることを知って、多くの新しい発見をすることもできた。そういう意味では本書執筆は筆者にとっては新しい体験でもあった。

本書の下書き原稿を書き上げた頃は、世界中が新型コロナウイルス感染拡大に見舞われており、とりわけ昨年四月下旬から五月上旬にかけての大型連休中は、「緊急事態宣言」が全国に出されて外出自粛が求められる中、自宅に閉じこもって、下書き原稿をチェックしながら、本書巻末付録3に掲載のベートーヴェン作品のほとんどすべてを体系的にCDやDVD等で鑑賞することができた。これも初めての体験であった。新型コロナウイルス感染拡大で落ち着かない日々を送る中でも、ベートーヴェンの音楽は「暗い夜の次には必ず明るい朝がやってくる」という希望と勇気を与えてくれた。本書で取り上げられた作品を一つずつ順番にCD等で鑑賞すれば、それでもって「人間ベートーヴェン」の成長過程を知ることもできるだろう。ベートーヴェン大全集のCDは案外と安く入手できるし、また主な作品はYouTubeでも鑑賞できるので、本書の読者も順を追って鑑賞してみていただければ幸いである。

ベートーヴェン生誕二百五十年にあたる昨年のメモリアルイヤーは、新型コロナウイルスの蔓延によりベートーヴェン・コンサートがことごとく中止となって、まことに残念であったが、しかし、二〇二四年は『第九』世界初演二百周年、二〇二七年はベートーヴェン没後二百年である。ベートーヴェンのメモリアルイヤーはまだまだ続く。新型コロナウイルスにも打ち勝って、それらのメモリアルイヤーにまたベートーヴェンの音楽をコンサートホールで聴くことができるのを楽しみに待つことにしたい。

最後に、本書の出版を快く引き受けてくださった平凡社新書編集部の編集長金澤智之氏と、校正等で最初から最後までたいへんお世話になった進藤倫太郎氏に厚く御礼を申し上げる。

石川栄作

二〇二一年五月

【著者】
石川栄作（いしかわえいさく）
1951年高知県生まれ。福岡大学人文学部独語学科卒業、九州大学大学院文学研究科（独文学専攻）修士課程修了。専門分野はドイツ中世文学とワーグナー。文学博士。78年4月より徳島大学にドイツ語教員として勤務、2017年3月に定年退職。名誉教授。18年4月より放送大学徳島学習センター所長を務め、現在に至る。主な著書に『「ニーベルンゲンの歌」を読む』『ジークフリート伝説』（以上、講談社学術文庫）、『トリスタン伝説とワーグナー』（平凡社新書）、訳書に『ニーベルンゲンの歌』前編・後編（ちくま文庫）、『ジークフリート伝説集』（編訳、同学社）などがある。

平凡社新書977

人間ベートーヴェン
恋愛と病にみる不屈の精神

発行日——2021年6月15日　初版第1刷

著者——石川栄作
発行者——下中美都
発行所——株式会社平凡社
東京都千代田区神田神保町3-29　〒101-0051
電話　東京（03）3230-6580［編集］
東京（03）3230-6573［営業］
振替　00180-0-29639
印刷・製本—株式会社東京印書館
DTP——株式会社平凡社地図出版
装幀——菊地信義

ISBN978-4-582-85977-5
NDC分類番号762.34　新書判（17.2cm）　総ページ264
平凡社ホームページ　https://www.heibonsha.co.jp/